图书在版编目（CIP）数据

养老地产 / 洲联集团编著. — 北京 ：中国建筑工业出版社，2014.12
（绿色城市O2O）
ISBN 978-7-112-17467-6

Ⅰ. ①养… Ⅱ. ①洲… Ⅲ. ①老年人住宅－房地产开发－世界－文集 Ⅳ. ①F299.1-53

中国版本图书馆CIP数据核字(2014)第253942号

责任编辑：马 彦 焦 阳
责任校对：陈晶晶 党 蕾

绿色城市O2O
养老地产
洲联集团 编著

*

中国建筑工业出版社出版、发行（北京西郊百万庄）
各地新华书店、建筑书店经销
洲联集团五合视觉制版
北京方嘉彩色印刷有限责任公司印刷

*

开本：880×1230毫米 1/16 印张：7¼ 字数：200千字
2015年4月第一版 2016年1月第二次印刷
定价：45.00元
ISBN 978-7-112-17467-6
（26272）

版权所有 翻印必究
如有印装质量问题，可寄本社退换
（邮政编码 100037）

编委会

主编:
刘力

副主编:
赵云伟 卢求 陶滔 严涛

编委会成员:
金童 范赟 秦威 高怡 周燕珉 龚梦雅 刘东卫 秦姗 张婧
苏黎明 郭广 张颖 王玮琦 王一粟 刘海强 崔鹏
洲联集团·五合智库

美术编辑:

五合视觉
WERKHART VISION

总序

绿色城市 O2O

文：刘力 \ 洲联集团

人类社会进入信息时代，生产方式、生活方式甚至社会结构都因移动互联技术进步而颠覆。

城市注定因生产方式与消费方式的变化而改变。信息技术进步使得生产地、研发地、原料产地、消费市场、总部可以完全分开，因而改变了城市的结构，推动世界级城市区域（Global City Region）的形成。

城市生态同样需要重新调整，绿色城市是全球人居事业追求的新方向。城市功能更加有机综合，城市空间更加多中心组团化，城市环境更重视生态低碳。对绿色城市提供最强信息技术支持的是互联网，对绿色城市生产和生活方式提供创新模式的就是 O2O。

新型城镇化的大潮下，人口毫无悬念地向大城市及周边地区聚集。城市用地规模的增长并不是传统意义上的摊大饼，而新的不动产将不是传统物业的简单复制。由于信息汇总与交互方式的革命，城市建设的决策与生产方式正在发生重大改变。

首先，大数据改变了对需求的判断与应对。投资决策、项目定位、业态与服务的选择都离不开对大数据的掌握。从微观的项目筹划到宏观的城市规划都正在进入大数据时代，而 O2O 正是大数据生成的重要基础来源。O2O 基础上形成的大数据质量、及时性和准确性将极大优化，从而提高决策的速度和精度，使得产品和服务的大规模定制成为现实。

其次，线上公众舆论与公关活动决定了线下的市场规模与商业物业价值。无论是文化时尚价值、品牌口碑价值、线上服务交易价值，都由线上虚拟社会的公众互动决定。实体店的消费活动不过是线上文化与消费活动的延伸，实体店越来越多承载文化社交的功能，以体验性来兑现其传统零售商业价值。脱离线上决策与商务互动的不动产开发时代彻底终结。

再次，不动产的价值都离不开后期运营服务的支持，无论是酒店办公与商业类的运营、健康养老类的监控护理、社区生活便利服务配套，还是物流路线规划和仓储管理，都直接依赖线上服务与大数据资源的占有。O2O 服务的实现也使得产权共享、项目服务连锁、跨城市跨区域跨国界的分时度假居住得以实现。

更值得关注的，掌握线上服务的电商已经成为市值最高的产业，并且华丽转身成为投资线下不动产的新势力。无论电商向下游物流实体店的扩张，还是开发商向上游线上服务的延伸，O2O注定成为不动产行业的标配，更引发不动产行业生产方式与产品形态的变化。

O2O不只是交易与服务的方式的进化，更成为决定不动产价值的一个全新维度。对于城市，人居品质的提升也取决于O2O作为催化剂，对空间环境与服务环境的重新塑造。毕竟，O2O中的虚拟决策技术将减少社会实践的盲目性，降低实体物质的浪费和无谓的能源消耗。从这一意义而言，人们期待的绿色城市、智慧城市时代，随着不动产开发与运营层面O2O的实现，才会真正到来。

正如钢材水泥的出现改变了建筑形态，汽车的出现改变了城市形态，O2O的出现注定改变城市区域形态。所谓"互联网思维"，改变的不仅是不动产形态、决策与生产方式、整个投资开发大行业的格局，而是彻底改善我们的生存环境。

毫无疑问，当今时代是一个产业革命和结构调整的大时代，新能源和互联网已然成为两大重要支点。它们对传统产业的重塑和再造，在大幅提高经济效率的同时，也极大地降低能源消耗。因此，在这个大时代，对城市与不动产的研究，不可能忽视O2O这一产业革命与城市革命新动力。

洲联集团作为绿色城市全产业链服务机构，以敏锐的观察提出O2O是整合城市、金融、不动产的关键。这套"绿色城市O2O系列"丛书，好比一把智慧钥匙，开启展望中国城市未来的窗口。

序

养老地产，老龄化时代的特有概念

文：洲联集团·五合智库

目前，中国的老龄人口已达到总人口的13%；到2020年，中国的老龄人口将接近30%，来势迅猛。中国已进入老龄化社会。

解决养老问题，首先要解决的就是养老机构建设，包括老年社区、老年公寓、养老院、专给老年人居住的普通社区等，这些就必然涉及养老地产。养老地产是老龄化时代到来所形成的特有的概念，它是结合养老这一社会主题和地产的商业概念所形成的。养老地产的发展就是围绕"养老"二字，针对其功能性、服务性、便利性、环境质量等方面的要求，建设适合老年人居住的房屋，打造满足老年人需求的住宅产品，这是养老地产发展的趋势和方向。显然，在移动互联浪潮之下，养老服务出现新的满足方式和投资渠道，亦是新趋势的题中之意。

但是现阶段，中国的养老地产呈现出六大问题：包括政策定位模糊、市场定位不清、行业标准缺失、客户细分不足、配套服务欠缺、政策落实不足等。

洲联集团作为长期活跃于市场的策划、规划、设计与研发机构，多年来一直致力于养老地产与养老产业上下游产业链的研究，希望能够从国外经验、金融层面、设计层面、运营层面和实际操作项目几个方面，探索出一条适合中国养老地产发展的合理道路，有效解决现阶段的问题，稳健发展中国的养老体系。

此书作为近一年来阶段性的研究成果，涉及德国和日本的养老体系研究、保险资本与养老产业结合的优劣势分析、开发老年社区的特殊要求等多个层面，力求通过立体多维的研究视角，为对养老产业有所关注的读者，提供一些启发与思考。

广州健康城

目录

总序
绿色城市 O2O   004

序
养老地产，老龄化时代的特有概念   006

产业互动篇
保险资本短期进军养老地产长期关注产业整合   010
养老地产规划模式的几点探索   014
——以中国首个保险企业养老项目泰康人寿三亚·海棠湾国际养生社区为例
万亿社区养老市场的 O2O 服务探索   020

国际经验篇
德国养老市场研究与启示   024
德国养老体系与设施建设研究及对中国的借鉴   032
日本养老经验借鉴   044

产品创新篇
老年公寓：应时之作尚需应对之策   050
老年住区的开发策划与规划设计   054
应对"居家养老"模式产品设计的探讨   062
老龄护理社会化的新型老年公寓建设与设计研究的思考   068
客户需求如何驱动养老地产开发   076
养老社区配套医院建筑的规划设计   082
多代居住宅适老化设计探讨   090
服务配套：养老地产的价值中枢   104
台湾长庚养老文化村的设计思考   108

产业互动篇

保险资本短期进军养老地产长期关注产业整合

文：王玮琦\洲联集团

据 WIND 咨询数据，自 2013 年初始，养老产业概念股上涨幅度达到 60%。可上市交易的 19 只养老概念股，相关受益股分为养老服务平台、养老地产、养老医疗、养老保险等四大领域。其中以中国平安、中国太保、中国人寿为龙头的保险企业近期战略布局来看，保险资本投资不仅限于养老保险版块，也大量涉足到养老地产项目开发。

保险资本介入养老地产项目已成为国内 15 种常见养老地产开发模式[1]之一。2009 年 11 月，泰康人寿首个获得保监会投资养老社区试点资格，随后成立保险行业第一个养老实体——泰康之家投资有限公司，并斥资 40 亿元在北京昌平运作规模约 2000 亩的高端养老社区。2012 年 9 月，中国平安通过旗下不动产公司在浙江桐乡投资 170 亿元建设养生综合养老服务社区，并与上海瑞金医院、韩国三星生命、耀华国际教育学校三方签订合作协议，共同推进该养老地产项目建设。

从国外养老产业发展模式来看，保险资本是未来养老产业的重要投资主体之一。以美国的持续照料退休社区 CCRC（Continuing Care Retirement Community）运营模式来看，保险产品与其运营管理中的相关支付费用挂钩，而 CCRC 本身即被视为微型的保险公司，受到美国保险部门的监管[2]。20 世纪 90 年代起，荷兰国际集团（简称 ING）旗下保险机构在政府支持下进行养老社区投资管理并初具规模。目前国内 15 种常见养老地产开发模式分为与社区共同建设、与相关设施并设、与旅游或商业地产结合、与国际品牌接轨、借助其他资源转型五类，保险业雄厚的资本支撑具备推进养老产业上下游整合并推动养老地产项目落地的能力。

保险资本进入养老地产领域具备天然优势。保险资本具备资金规模大、回报要求低、投资周期长等特征，符合养老地产对分期开发和长期运营的要求。这种天然优势具体体现为四个方面：（一）保险资本可运用的中长期资金与养老地产的投资回收周期具有良好的匹配性[3]；（二）可提供地产价值增值与养老险种结合的双盈利产品；（三）保险产品的营销渠道、客户资源、营销团队是养老地产项目天然的市场资源；（四）保险公司作为专业的风险管理机构，在成本精算、风险控制、法务服务等方面具备管理优势。

对于保险资本来说，投资养老地产项目具有三大利润点[4]：（一）从产品创新层面，与养老地产项目挂钩延长寿险产业链。养老地产产品衔接医疗保险、人寿保险、护理保险和养老保险等险种，可直接与房产租用相结合，推动保险产品的创新。比如投资性寿险金裕人生，在产生红利的基础上抵交租金，实现产品与养老房产的捆绑销售。（二）从产业关联角度来看，可整合养老产业链条、增加相关服务产业保险收益。如拓展关联的医疗照护服务、家政服务、文化生活服务、生活用品开发与销售等领域保险业务。在养老保险政策层面，《国务院关于加快发展养老服务业的若干意见》中提出"逐步放宽限制，鼓励和支持保险资金投资养老服务领域。开展老年人住房反向抵押养老保险试点。鼓励养老机构投保责任保险，保险公司承保责任保险。"为保险企业进入相关服务产业提供政策保障。（三）从资金运用角度，长期持有运营养老地产项目，是解决保险公司资产负债不匹配的有效途径；如追求短期投资收益，如中国平安开发可租可售模式的养老物业，可获得可观的销售收益、土地增值收益和产业转让收益。

在对养老产业巨大的市场潜力预判下，正是保险资本与养老地产投资特点的契合性和对预期利润的推动，截至2012年10月，宣布进军养老地产的保险公司已达6家，分别是平安、泰康、国寿、太平、新华、合众。几家企业的养老地产项目不约而同地选址于北京、上海、武汉、三亚等一线城市的边缘地区和快速发展的中小城市。项目总预计规划建设面积达到300万m²，投资金额超过350亿元[5]。但是，保险公司毕竟不是房地产投资企业，为确保保险投资房产的规范性、防范投资风险，2012年7月，保监会发布《关于保险资金投资股权和不动产有关问题的通知》，对保险资金涉足养老地产领域直接和间接投资的范围进行重新界定。有利的是在"新兴战略产业基金"方面，明确保险公司可以对养老产业进行股权投资。但其中"保险资金投资养老不动产项目，不得自行开发建设投资项目，不得以分拆形式销售养老项目产权，不得利用销售养老项目产权获得销售收入"的规定，基本遏制了险资借养老项目之名圈地卖房的投机可能。

Slot 综合性住宅，荷兰，Gameren / 业主：Habion Houten

养老地产项目前期投资巨大，保险公司难以承受不能通过销售短期回笼资金的资本沉淀压力，针对此项条目规定，平安保险在桐乡项目中采取特殊规避办法：其资金来源，不仅限于保险资金，还包括平安旗下其他子公司的非保险资金，如平安信托的第三方募集资金[6]。因此在产品配置中，预计主推"租赁型养老公寓"、"销售型全龄亲情社区"、"销售型顶级度假养生产品"三种。这种规避方式,在其他非金控保险公司不具备可复制性。如三亚·海棠湾项目操作中,泰康人寿采取与具备房地产开发、规划设计和工程建设资质的中外建联合开发的模式。

保险企业在涉足养老地产领域遇到的障碍不仅限于保监会对投资销售的严格监管,由于房地产行业开发和运营的复杂性、专业性、高投入性,多数保险企业在成立地产投资管理公司的基础上,选择与其他相关行业合作。如中国太平集团在2012年7月底在上海投资成立太平养老产业投资有限公司,主要从事养老产业投资与资产管理、实业投资、投资管理、投资咨询、养老服务、物业管理和酒店管理,并在位于浦东新区的上海国际医学园区开发周浦养老社区项目,太平负责后期运营管理,医学园区负责养老社区的基础设施配套建设,提供体检中心、康复理疗中心、医疗中心、餐饮中心、多功能活动中心、老年大学等综合配套设施。从养老地产开发到运营,保险企业需解决其他障碍:土地成本高,相关养老政策扶持不足(主要指减少税负和审批环节快速便捷),养老地产项目建设与服务标准缺失,对地产开发、专业照护、物业管理经验不足。在土地供给方面,《国务院关于加快发展养老服务业的若干意见》提出"完善土地供应政策,将各类养老服务设施建设用地纳入城镇土地利用总体规划和年度用地计划,可将闲置的公益性用地调整为养老服务用地。"北京今年首次将养老设施用地纳入年度供地计划,并提出养老用地优惠政策降低土地保证金(竞买底价的5%)方式,但优惠幅度不大,预计供给土地仅100公顷,仍处于试水阶段。在政策减负方面,提出"对营利性养老机构建设要减半征收有关行政事业性收费,对养老机构提供养老服务也要适当减免行政事业性收费,养老机构用电、用水、用气、用热按居民生活类价格执行。境内外资本举办养老机构享有同等的税收等优惠政策。"在建设标准和服务标准方面,保险企业和联合开发机构需要委托专业养老研究、设计、护理等机构,参考国外先进养老理念,制定养老地产项目的企业标准,进而推动整个行业标准的建立。

Elbschloss 住宅,德国,汉堡 /
业主:HöChster Pensionskasse

保险资本介入养老地产开发的最大优势是项目产品与其长期寿险产品相结合,并提前锁定入住资格和入住成本。如泰康人寿推出的国内第一款与养老社区相衔接的保险计划——幸福有约综合养老计划,客户享有保险利益同时,也享有由泰康之家提供的"保证入住养老社区资格",并可选择将保险利益直接支付养老社区的相关费用。其中"乐享新生活"作为一款养老年金产品,缴费起点为200万元,分为一年期趸缴和十年期期缴,这意味着,即使按照期缴方式缴费,最低缴费金额也在每年 20 万元。合众人寿也推出一款类似产品，名为"合众优年养老定投两全保险"提供养老社区增值优惠入住服务。以合众一款年付 4.8 万的养老险为例，投保满 10 年，即可在 70 岁后申请入住，并享受与投保时相等的房租价格。这类寿产品必然要求保险企业大量持有或租赁养老地产项目，并提供运作成熟、服务优良、配套完善的养老物业产品。保险企业已变身为产品服务供应商，编制诸如社区运营标准、服务 SOP 手册，或与国际专业护理机构合作。

近期，多地政府将养老地产招商作为今年考核地方政府引资部门政绩的指标，同时地方政府制定相应的优惠政策吸引，而他们的主要目标就是险资。宁波市招商局相关人士表示，如果险资以设立基金的方式投资养老地产，可获得财政补贴，具体的措施是返还营业税 80%，返还企业所得税 36%，返还个人所得税 32%[7]。保险资本进驻养老产业并谋求资本利润是大势所趋，险资也确实具备一定的资本与产品供给优势。但险资应当认识到，当前关注焦点为养老地产，是行业还不健全、短期追逐利润的试水行为。尤其在高通胀前提下，启动养老地产开发的实物资产是对冲通货膨胀的重要手段，也是一种避险工具。

险资未来的逐利点应当在整合养老上下游产业链方面，其和养老相关产业的资本亲和力，甚至超过银行，在资本支撑方面具有不可替代的天然优势。以日本养老产业的六大分类[8]来看，不仅在老年金融产业，包括终身保险、看护保险、特殊医疗保险、年金资产代管等与险资相关的内容，还有实施护理保险之后的家政看护服务业的迅猛扩张，为险资介入养老产业的盈利模式提出新的可能性。在国家助推养老产业发展的大背景下，无论债权、股权还是物权，保险公司投资养老产业的方式已全面放开。险资即使进入养老地产类项目，也应当依靠产业整合、与长期寿险产品相结合的模式优势，短期提供投资与寿险双附加属性的产品盈利，逐步从项目开发商退居到产品服务供应商，最终实现养老服务相关产业金融支撑角色的转变。

①作者：周燕珉《15 种养老地产开发模式分析》
②作者：穆耸，曾建知《保险资金投资运营养老地产模式之法律分析》
③《险资是养老产业天生的主力军》来源：中国房地产业
④《平安 170 亿大啖养老地产》来源：养老产业播报
⑤ 数据来源：华夏时报
⑥《三路进军养老地产，中国平安另辟投资蹊径》来源：养老产业播报
⑦《养老地产成地方 2014 年招商考核指标》来源：中国养老微信客户端
⑧《日本养老事业与养老产业研究》来源：养老网

养老地产规划模式的几点探索
——以中国首个保险企业养老项目泰康人寿三亚·海棠湾国际养生社区为例

文：张颖 \ 洲联集团

养老地产，不是传统意义上的独立产业，而是伴随着经济结构的发展和社会人群的老龄化，为满足老年群体的需求而出现的新兴产业；特指为老年群体和其他弱势群体提供特殊的设施、商品以及服务，满足养老需求的具有同属性的行业和企业经济活动的产业集合；养老地产和普通住宅最大的区别就是满足了老年人的特殊需求。

从养老地产的发展形势来看，随着我国大中城市人口老龄化问题日益严重，社会保障措施的日益完善，政府用于退休金的支出不断增加，老年人的购买力水平不断上升，老年人的生活压力特别是来自子女的压力明显减轻，他们所掌握的财富将主要围绕自我的消费需求进行。所以，养老产业的社会需求在不断增长。

从国外养老产业发展模式来看，我国保险业涉足养老产业的步伐也呈加快趋势。保险资本是未来养老产业的重要投资主体之一。以美国的持续照料退休社区CCRC（Continuing Care Retirement Community）运营模式来看，保险产品与其运营管理中的相关支付费用挂钩，而CCRC本身即被视为微型的保险公司，受到美国保险部门的监管。20世纪90年代起，荷兰国际集团（简称ING）旗下保险机构在政府支持下进行养老社区投资管理并初具规模。目前国内15种常见养老地产开发模式分为与社区共同建设、与相关设施并设、与旅游或商业地产结合、与国际品牌接轨、借助其他资源转型五类，保险业雄厚的资本具备推进养老产业上下游整合并促进养老地产项目落地的能力。

在对养老产业巨大的市场潜力预判下，截至2012年10月，宣布进军养老地产的保险公司已达6家，分别是泰康、平安、国寿、太平、新华、合众。几家企业的养老地产项目不约而同的选址于

泰康人寿三亚海棠湾国际养生社区

北京、上海、武汉、三亚等一线城市的边缘地区和快速发展的中小城市。项目预计规划建设总面积达到 300 万 m²，投资金额超过 350 亿元。其中，三亚海棠湾国际养生社区项目作为险资企业第一个投资建设的综合养生养老社区，由洲联集团为泰康人寿完成该项目的规划设计。项目位于三亚海棠湾国家海岸的核心位置，与被称做"阳光之州"的美国佛罗里达纬度相同，与 4A 级旅游景点蜈支洲岛隔海相望。项目总用地 235 公顷，内部的大小龙江塘湿地提供了独特的水岸景观。

项目依托"国际旅游岛"的政策优势，力求推动海棠湾原有旅游产业的升级与多元化发展，实现从休闲度假向养生养老度假的扩展和提升。

从项目策划与规划角度来看，三亚·海棠湾项目的最大创新在于三个方面：养老产业链上下游的拓展、互动与共赢；真正满足老年人需求的空间设计；通过调节物业配比，实现 CCRC 可滚动的盈利模式。

一、养老产业链上下游的拓展、升级与共赢

随着全球经济的发展，人类的健康和养生已经成为全球关注的问题。人们在物质生活提高到一定程度之后，开始更多的考虑生活质量和身心健康，在这一背景下，养生休闲成为热点和潮流，逐渐融入人们的日常生活。养生（养老）产业，是专为有养生需求的人群提供特殊商品、定制养生设施和专业服务的、具有同类属性的行业以及企业经济活动的产业集合；它是依托第一、第二和传统的第三产业派生出来的特殊的综合性产业，具有明显的公共性、福利性和高盈利性。

在海棠湾项目中，我们将养老产业进行适当的延展，将单纯的老年居住需求扩展到健康管理、修身养性、医疗保健、修复保健、生活方式体验和

泰康人寿三亚海棠湾国际养生社区

养生文化体验等方面，将养生养老产业、休闲产业和健康产业作为项目的三个基本产业定位，在规划中设置了与之相匹配的CCRC养老社区、湖岸养生主题酒店组团和养生文化创意街区三个主体组团。其中，养生酒店组团包括一个综合酒店和八个主题酒店，综合酒店是举办国际养生论坛的永久会址，精品酒店包括禅宗主题、家庭及儿童主题、艺术主题、丽人主题、东方传统主题、水疗SPA主题等八个主题，涵盖了与养生休闲相关的多个范畴，是举办相关活动的重要场所。养生文化街区包括艺术家公寓、创意商业街、艺术博物馆、国际养生文化中心等与研发、体验、购物有关的一系列空间，为目标客户群提供独具创意的养生体验之旅。

更重要的是，这些产业以空间为依托，相互联系，为不同年龄的有养生养老需求的体验者提供了从基本的养老居住到不同特色的养老养生体验、直到国际养生文化交流的一个逐步升级的完整过程。是以养老社区为龙头，集合房地产、酒店、会展、会议、旅游、商业服务、保健、健康管理、保险、教育、文化和传媒多种主体集群式发展的全产业链开发模式，这一模式，无疑为多方共赢打造了良好的平台。

二、满足老人多种需求的生活空间

1. 稀缺的景观环境和良好的田园氛围

回归自然、享受田园生活，是养生养老人群普遍的心理需求。三亚海棠湾地区位于"国家海岸"

泰康人寿三亚海棠湾国际养生社区

一隅,本身可以依托优质的气候、海岸和植被资源,但项目所在地并不直接临海,营造内部的景观环境变得极其关键。项目对基地内的大小龙江塘进行岸线和水体的生态化改造,形成项目的核心水体景观;水体外除了建设用地,营造了生态花田、园艺学校、药用种植园等多种形式的绿地景观,形成了泛养生生态公园,与各组团的公共庭院和家庭私人院落共同构成层次分明、交相辉映的绿化体系。机动车交通全部在组团外部解决,不会对内部的步行人群造成噪音、安全和心理方面的干扰,遍及各组团之间的绿道,更为使用者提供了安静、便捷的养生路径,徜徉其中,水绿交融,海天一色。

2.完善的服务配套和康体医疗设施

根据人群分级、护理程度、公共私密性等特征,CCRC社区一般分为独立生活区、协助生活区、专业护理区、记忆生活区和CCRC综合服务中心。入住者的居住经历往往是从独立生活区到协助生活区,再到专业护理单元,最后到记忆生活区,对应的是老年人从身体健康到完全不能自理的不同生命阶段。在海棠湾项目中,独立生活区以独立、双拼或联排的低密度住宅为主,每户有私人庭院,与CCRC综合服务中心的步行距离不超过5分钟;协助生活区以半围合的住宅形式为主,具有半私密半公共的活动空间,与CCRC综合服务中心的步行距离不超过3分钟;专业护理区以围合院落为核心,几个院落共用一个专业护

理中心,主要为身体机能缺失但精神健康的老人提供日常照护;记忆生活区的照护目标是患有老年痴呆且生活不能自理的老人,几组住宅围绕一个公共的院落布局,院落中心是护理中心,为老人提供24小时的专业护理服务。这些完美的服务配套和联体医疗设施为养生养老提供了最重要的保障。

3. 丰富的社会交往活动选择

其次,在社区外部是大量的公共活动空间,可以进行多种健身运动,未来必然成为老人进行社交活动的途径之一;另外,项目提倡"老年人的社区,由老年人来管理"的理念,欢迎老年人参加一些力所能及的劳动,比如博物馆导游、养生知识讲座、养生药用植物园的耕种等,并给予合理的劳动报酬,鼓励更多的老年人参与到社会活动中来;同时,以慢节奏的生活理念,慢节奏的步行速度为依据,布置公共服务配套设施,3分钟步行可达邻里服务中心,6分钟可达组团服务中心,5分钟的电瓶车交通可达社区服务中心、商业街区和养生会所,便捷的交通设施和丰富多彩的社会活动,为老人出行创造了条件,提供了充分的活动场所和交流空间。

三、通过调节物业配比,实现CCRC可滚动的盈利模式

CCRC通常会根据老年人的健康、经济、信用记录等情况与入住者签署入住协议,入住协议是

泰康人寿三亚海棠湾国际养生社区

活力生活社区产品，占到可建设用地的68%，占可建设面积的58%。

可销售型物业比例提高到60%~70%，目标客户除了有养老需求的群体，还包括有健康养生需求的客户群，与养老结合养生复合型主题相契合；降低开发企业启动项目阶段的资金压力，可以将更多资金投入到养老养生配套设施中去，满足养老地产"配套先行"的开发理念；优质的配套设施会吸引更多的目标客户，也让高额的费用物有所值，从而实现资金的滚动与良性循环。

老年地产开发与普通的住宅开发有显著的不同，在政策、金融、土地利用、物业配比、专业服务以及后期的运营管理等多方面都需要通盘考虑。险资企业在金融层面具备与养老地产结合的先天优势，未来会成为养老地产投资和运营的主体之一。但因为不同的养老地产项目在区域选址、项目条件、资源特征、相关产业发展等方面存在巨大差异，所以为了确保项目的落地，开发企业需要和专业的团队，进行策划、规划、融资、运营、管理等一系列的合作。规划策划团队作为前期投资与后期运营之间的桥梁，是养老地产项目能够从理念到现实的有力保障。

CCRC运营模式的综合体现。以美国CCRC项目运营为例，基本分为三种方式：入住费型协议（Entrance-Fee Contracts）、租赁型协议（Rental Contracts）、销售型协议（Ownership Option）。其中入住费协议运营模式是最普遍的方式，大约占到65%~75%的比例。这类协议的物业需持有性经营，入住费既不是购买物业的房款，也不是租赁物业的租金，其性质类似于保险金，保障老年人在CCRC获得居住权并获得辅助生活或医疗照护。但以入住费协议模式为主对短期回款贡献不足，如上海亲和源采用的会员制模式基本等同于入住费协议模式，运营7年后财务报表刚刚持平。考虑到前期资金压力，三亚·海棠湾项目CCRC社区中可售可租的灵活性产品，即全龄

万亿社区养老市场的 O2O 服务探索

文：郭广 \ 亿欧网副主编 · 专家作者

中国老龄事业发展"十二五"规划曾指出，到 2015 年，全国 60 岁以上老年人将由 2011 年的 1.78 亿增加到 2.21 亿；老年人口比重将由 13.3%增加到 16%，平均每年递增 0.54 个百分点。未来国内将出现老龄化基数大、增速快、高龄化的严重趋势。全国老龄办《中国养老产业规划》报告中显示，到 2030 年我国养老服务业市场的总产值将突破 10 万亿元大关。

与美国、日本等发达国家相比，国内的社区养老服务产业处于起步阶段，而美国的四类社区养老服务，值得国内社区养老 O2O 创业者们借鉴。美国的社区养老一般会分为四大类：生活自理型社区、生活协助型社区、特殊护理社区以及混合型持续护理退休社区。除生活自理型社区外，其他养老社区开发运营需要得到政府授权并与医院、专业护理机构建立紧密合作。

目前国内创业者或转型者大多是在生活自理型养老社区方面进行 O2O 模式的探索。

打造以智能可穿戴设备为基础的智慧养老 O2O 服务平台

通过可穿戴智能设备 2C 端连接老年人，可为居家老年人提供定位跟踪、紧急呼叫、日常生活照料服务等。

另 端连接政府组织社区服务人员、老年人亲属、社会公共组织以及居家养老服务供应商。而智慧养老 O2O 服务平台整合了线下的医疗健康机构、文化娱乐机构、生活服务机构等，为社区居家老年人提供全方位的生活周边配套服务。

智慧养老 O2O 服务平台可以把众多老年人的需求整合起来，形成一个大众化的巨大需求市场。同时此类养老 O2O 服务平台可以更高效的把成

清风拂绿柳
白水映红桃
舟行磨波上
人在画中游
绿廊港湾湘府码头
观洲人家炫色天阶
青城小镇彩虹传说
碧水庄园雨花廊桥

广州国际健康产业城概念规划

熟、优质的线下养老服务资源进行整合，形成一条完善的供应链体系。而智能可穿戴设备以LBS位置服务为基础，可以快速定位附近优质居家养老供应商，提高了服务效率、减少了服务成本、使服务更加透明化。

打造以老年消费品为基础的电商O2O线上线下服务模式

此类养老O2O服务模式更多从老年人生活消费为出发点，是通过老年人对于日常用品的消费黏性，线上销售，线下到店自提的电商O2O模式。另一方面，通过前期已布局的社区门店建立起以会员制社区老年人社交服务中心，为社区周边居家老年人提供休闲娱乐、疗养健身等线下互动平台。

以老年消费品为基础的电商O2O模式的出现，将使老年快消品效果透明化、价格透明化、服务

高效化。将会使得整个老年消费品市场走向正轨，使老年消费群体得到更好的消费和服务体验。

以物业转型为核心的个性化地产养老O2O服务

随着房地产最后15年的黄金时期即将逝去，以万科、保利地产、碧桂园、花样年为代表的房地产商、房产物业公司，都已围绕社区O2O开始布局，而养老O2O是其中一个重要转型部分。

房地产商不仅要建设适合老年人居住的个性化房地产项目，还必须建设具备医疗保健服务设施、养老保险等相关配套产品。社区周边的老年人设施的配置、内部养老专业设备的配置都有很高的要求。个性化地产养老O2O，运营模式中线上线下的市场定位、销售模式、服务体系都会影响到地产养老O2O的成败。而以地产为基础的养老文化产业，将会围绕老年人的各种服务业展开，

卓达天津武清养生温泉新城规划设计

房产商、物业公司长期收益主要来源于运营的地产养老O2O服务项目。

作为社区商业中的一个特殊产业，社区养老一直是政府关注的对象。此前亿欧网《社区O2O：线上融合，升级社区模式》一文中显示，近期政府提出，到2015年年末实现社区居家养老服务照料中心的100%社区全覆盖。而此前亿欧网报道过唯创国际集团旗下社区养老服务O2O项目"幸福九号"获得了由浙商创投的1亿元融资。不管是政策上还是资本市场无疑是给社区养老O2O服务产业注入新的刺激。

国际经验篇

德国养老市场研究与启示

文：卢求 王一粟 \ 洲联集团

20世纪70年代以来，德国人口出生率降低，同时平均寿命不断增长，专家预测到21世纪中叶德国人口将回落到7000多万，其中50岁以上人口数量将占去总人口数量的一半以上，1/3的人口将超过60岁。持续老龄化的人口结构成为德国人口发展的主要特点，也对养老市场提出更高的要求。

德国的养老市场可追溯到19世纪末。当时依次建立了医疗保险、实业保险、工伤保险及护理保险。有统计指出，德国公共养老金制度是世界上最慷慨的制度之一。德国一位拿平均工资的普通全职工人退休后能获得多达工资70%的养老金，远远高于美国退休人员40%的比例。

德国的社会保险体制不仅仅只是养老金，它还涵括了广泛的福利制度方案，共同构成了复杂的养老体系。

在中国，传统的由家庭承担养老是养老的主要模式，而在德国养老的责任则更多地被社会所承担。据统计，在德国有超过五分之一的老人独自一人生活，身边没有亲人照顾，而与配偶一起生活的老人数量则几乎高出独居老人数量的一倍，只有极少数的人选择与子女一起生活。所以从观念上来看，德国老人在对护理有依赖的同时，也很希望独立。他们即便到了行动不便的阶段，也仍希望自己能住在独立的住所里，直到严重依赖照料时也仍然如此。与中国较为相似的是，德国老人也更多地选择在家里养老，不同的只是他们家里是独居，其他亲人不与其同住。只有约5%的老人会选择去养老院或是护理中心。

在这种既希望独立又对护理有依赖的情况下，德国的养老方式便发展得极具特色，形成一种可称为"护理式养老"为主要形式，辅以适当的机构和护理服务的养老模式，组成了完善的德国养老

德国 Ahlen 市老人住宅

德国 Oer-Erkenschwick 市 老人住宅

市场。

一、德国养老市场发展状况

1. 养老金结构

在德国，政府给予社会养老很多政策上的支持，从各个方面推进和完善养老市场。归纳起来，由以下三个方面构成了德国养老市场养老金来源的结构框架：（1）社会基本养老、（2）职业养老、（3）私人养老。政府给出政策扶持，但不干涉具体开发操作，承接这些服务的是相关的企业和福利团体。为养老市场提供服务可得到某些政策优惠，例如获得融资的资格、对于养老机构免除销售税和营业税，只收企业所得税，同时在各个州还有各自不同的其他优惠政策等。

政策扶持的同时还出台了护理保险法，它的问世也使得德国的养老产业发生了很大变化：规范了护理服务行业，大量增加了护士人员数量，护理事项日趋完善等等。

（1）社会基本养老

强制的基本计划中的养老金种类多样，而且是法定的、终身可以领取的。作为养老金中最基本的系统，它由雇员和用人单位共同支付，并且还享有联邦政府的补贴。

此类养老金的计算基础与雇员的工作时间及收入水平相关。对于一些特定的人群，还为其设置了额外的保险计划。在配偶去世之后，孤寡方还可以领到已故配偶60%的养老金。收益支付则与收入相关，并以工作期间所有收入为基础进行计算。在配偶亡故后，孤寡方可领取已故配偶60%的养老金。从20世纪80年代起，抚养小于3岁的儿童的父母，或者照看在一段可确定时期内需要看护的人员的人享有强制保险。针对人口中特定的群体如农民和若干专业团体（如律师）还设置了额外的社会保险计划。公务员的养老金由公共税收资助，并以个人最近总收入和受雇年份为基础进行计算。

（2）职业养老

职业养老计划是法定的社会养老金系统的第二个部分。公共部门的员工基本都享有这项计划，但是在私立部门却随企业规模不同而变化，往往规模越大，参与这项计划的人员越多。尽管在公共部门，总的说来白领和蓝领雇员都可享受职业养老金，可是在私营部门仅有50%的雇员可以享有。在私营部门，以公司为基础的保险随企业规模变化，例如，在雇员多于5000人的公司，近90%的工作人员参与职业养老金计划。虽然私营部门的养老金组织各异，但一般具有两个共同点：由雇佣方出资并以资本为基础。

（3）私人养老

个人保险计划是德国养老金系统的第三个部分，包含五花八门的基金和保险，可以当作高龄时期的收入来源。德国政府拿出一部分税收和费用支持私募基金的积蓄。但是联邦统计数据显示，是否加入这第三种类型则视个人的净收入状况而定。

2. 改革措施

在人口老龄化加快的发展大背景下，养老金改革开始，主要目的则是减小养老金支出的增量。围绕改革，政府调整了一些目标和措施，使其更容易实现。

• 增加一个补偿因数，目的是降低养老金收益水平，并使该系统与人口发展匹配。标准养老金领取人的养老金提取比例由该养老金领取人平均净收入的 70% 降至 64%。这样一来养老金收益将明显降低。这种影响还因仅有一小部分老年人可以领取标准水平的收益这一事实而加剧。由于提前退休的政策和休业，约 50% 的男性和 95% 的女性得到的养老金低于标准水平。

• 个人被要求自愿弥补收入的损失，采取的办法是参与通过资本建立的个人老龄保险，或以公司为基础的计划。如果这样的计划符合某些标准，则政府会以赞助的方式提供支持。这样的转变为的是推动私立保险，从而建立一个既有公共的"活着就能领"的系统，又有私营的资本建立的系统的混合体系。

• 目前德国还没有形成一项普惠养老金计划，而是基于居住资格或国民资格又能够保证基本生活从而防止贫困的养老计划。2001 年的改革让 65 岁以上的老人在资产测查后可获得费用，此费用作为对养老金的补充会自动到达领取人手中，其目标是保证高龄人群在社会救济层面获得最起码的收入。

二、养老服务模式

考虑到大多数老年人的要求、高效的服务以及对人口变化的预估，立法工作把目标定在支持家庭养老上。家中的非正式护理与广泛的社会网络构成了成功家庭养老的前提，且亟待强化。资金的使用与护理设施的建立也以支持家庭内的非正式护理为目标。需要通过防范和康复措施避免出现对长期护理的要求，同时缩短依赖的时间。

Noorderkroon 疗养院，荷兰，斯海尔托亨博斯 /
业主：Stichting Nieuwebrug & ZAYAZ

1. 居家养老

最初的德国养老模式里，老年人主要居住在自己家里由家人和亲友照顾。随着这种模式的风险被逐步地暴露，1995 年社会长期护理保险作为一个独立的社会保障系统被引入德国养老市场。对没有参与法定医疗保险计划的人员，该国在私营医疗保险框架下建立了一项强制护理保险。1989 年的医疗改革法规定非正式护理人员提供的暂托服务支出可以被报销。1991 年的改革后，一小部分极其虚弱的人按照法定医疗保险计划可以领取现金或者享受周到的服务。依据 1961 年联邦社会救助法案，如果老年人无法支付费用，则家庭养老与住宿护理支出由基于税收的福利系统负责。特别要指出，住宿护理的高额费用要么让很大一部分老年人仅能依赖社会福利，要么让他们更加依赖子女。

按照规定的评估方法，申请人将被划定成 3 个不同等级，依据的是其依赖和对辅助需求的程度。需求的程度按照三个类别进行分析，即需要辅助的日常活动的数量，日间夜间辅助的频率，以及辅助必须持续的时间（见表 1）。举个评估级别 I 的例子，某需要护理的人员每天的两项活动至少需要一次个人护理辅助，如早上的个人卫生和午饭，另外还有每周数次的家政。辅助的最短时间为 90 分钟，其中 45 分钟必须用于个人护理辅助。三种依赖级别不同，福利的金额也不同，并出法律立法规定。老人要么接受费用然后向护理人员支付报酬，要么接受专业服务，要么既领取现金又享受专业服务，要么入住疗养院接受护理，不同的做法使得这样的费用也不同（见表 1）。此费用仅仅保证基本的护理，需要由非付费的非正式护理，或老人及其亲属购买的其他服务，或依据资产测查补助发放的福利进行补充。保险金的初衷是降低而非消除需要护理的老人因依赖社会救助而承担的风险。另外，这种降低风险的做法为的是在基层减少社会救助的支出。法律规定，用人单位和务工人员均需要将收入的 1.7% 贡献给

长期护理保险评估级别和对应的福利　表 1

评估级别			
对辅助的需求	I 明显	II 强烈	III 十分强烈
属于个人护理范围内	2项日常活动	日常活动	日常活动
	每日1次	每日3次	全日
家政	每周次数		
时间	90 min/ d	3 hours/ d	5 hours/ d
个人护理占用时间	45 min	2 h	4 h
福利（单位：欧元）			
	I	II	III
现金	205	410	665
专业服务（基于家庭）	384	921	1432/1918
住宿护理	1023	1279	1432/1688

护理包实例：定义与费用　表 2

个人卫生（基本）	进食	陪伴	家中保洁
工作			
穿衣	备餐	穿衣	起居空间
口腔卫生	进食辅助	辅助	卫生间
整理头发/刮胡	卫生	离家/回家	倒垃圾
清洗	餐后整理	陪伴	
费用（单位：欧元）			
勃兰登堡			
7	8-9	19-22	14-15
柏林			
8	10	24	11

来源：柏林和勃兰登堡护理保险基金

本保险。

自长期护理保险建立以来,它就作为资助各种服务的基础来解决对护理的依赖。对调查数据进行分析,得到的结论是德国尚有很多老年人对护理的需求得不到满足,这也催生了所谓的"灰色市场",尤其是在单独付费的家务不在保险之内的情形下。研究结果表明,65岁以上且居住在单人家庭中的人口里有很大一部分购买家政服务。

自长期护理保险建立起,大多数需要护理的人员在家中便可得到护理。良好的保障制度,也使德国的老年人们更趋向于取得专业服务。这些市场趋势都与德国老人对于养老的观念日趋吻合。

具体的护理主要被分为4个方面:行动、进食、个人卫生及家政。各联邦州确定了各种由明确护理项目和相应费用构成的护理包(见表2)。

使用者可以按照自己情况选择护理包组合。费用由保险承担。

2. 半住宿式养老

半住宿式养老是对养老市场的有力补充。是居家养老和机构养老间有效的纽带。它分为日间护理、短期护理以及补充式服务三大体系。

(1) 日间护理

日间护理服务是半住宿养老服务的一种,通常由居家养老服务提供人提供,或者由住宿养老设施提供。对日间养老需要的前提是,老人在早上、傍晚和夜间甚至在周末一直有可靠的护理。因为有日间护理机构的帮助,非正式的护理人(常常从每天24小时中抽出7小时照看其亲属)可以从每天的忙碌中获得几分闲暇,故而有动力继续照顾他们的亲属。对护理有依赖的人可以从合适

Noorderkroon 疗养院,荷兰,斯海尔托亨博斯 / 业主:Stichting Nieuwebrug & ZAYAZ

的机构处获取必要的护理而不必踏出家门。除了安抚和护理的功能,日间护理还旨在为对护理有依赖的人员创造交流和参与社会活动的机会,从而激励他们。服务涵盖从家到这些机构之间的往返以及正餐。

日间护理设施的主要使用者超过80岁,他们中很大一部分属于长期护理保险评估级别I或者II。光顾日间护理中心的多数是患有痴呆的老人。对在生理和智力上存在障碍的人员进行综合护理实属不易,这困扰着护理人员。因此专业护理患有痴呆的老年人的机构有所增加。

(2) 短期护理

短期护理要么由养老院提供,要么作为独立的单

位设立，但几乎总是与养老院挂钩。

对短期护理的定义是：一种一定时限内在住宅内进行的护理，前提是被护理人未获得永久留住养老院或医院的批准。

长期护理保险和暂托服务有着明显的区别，后者针对的是非正式护理人员，他们在短时内要么因为自身疾病，要么需要度假或休息，不能继续护理。依赖护理的人，如果因为离开医院或养老计划出现危机而得不到家人的充分照料，会受到短期护理。

（3）基层补充服务

尽管各联邦州都能有责任在长期护理保险的框架下发展一套本州的服务设施，可是各种服务必须通过基层的进一步服务得到支撑和补充。根据法律及其方针，各大城市必须在以下两个方面为服务的建设提供支持，目的是促进老年人独立并鼓励他们融入社会。

• 补充性质的，低门槛的服务为的是使老人尽量长久地独立生活，即使他们对护理有所依赖或者亟须救助，如独居老人需要在轮椅上进餐，有人陪伴，有人探访，可能用到紧急呼叫，又如各种形式的咨询服务。

• 在老年人救助系统框架下，设立老年人俱乐部、老年人交流中心等以提高老年人融入社会的程度。

① 轮椅上进餐

在轮椅上进餐让无法自己烹饪的老人倍感温暖。提供这种服务的有各种各样私营的和非营利性的机构。很常见的情况是使用者获得一整套服务，从中可以选择各式各样且级别不一的，甚至是特制的昂贵的正餐。大城市可以为收入低下，接近社会救助底线的人员提供补贴。如在柏林，一个收入低下的人可以选择最高6欧元的正餐而只需交纳2欧元。

② 探望及陪伴服务

探望及陪伴服务的目的是促进老年人融入社会，并在休闲活动中给他们提供支持，从而避免他们被社会孤立。此外还有多种交通方式。这些服务由公共机构、教会和协会组织。提供服务的是由各组织招募和支持的志愿工作者。活跃劳动市场政策下的措施是另一种设立此类服务的方式。后者可用于失业率高的地区，尤其是在新联邦州和柏林，这两个地方的很多服务都是以这种方式创立的。积极劳动力市场政策的公共开支预计要被裁减，这可能导致服务的缩减。因此各种协会成立以增加更多机会。这些协会由各州补贴，会员每年交纳很少的会费，从而每周得到约1小时的护理，这点时间里有人会陪他们去医院或者参加休闲活动。

③ 应急呼叫系统

这项服务的宗旨是让独居的且身体状况严峻老人感到安全，例如在中风或出意外的时候得到及时的救助。技术设备的费用来自长期护理保险。提供该项服务的有各种组织。在柏林，这项服务由非营利性组织提供，每月的费用是30欧元，可以在联邦社会救助法案的框架下由公共基金支付。

④ 咨询

基层的咨询服务由各种各样参与人组织，包括护理保险基金会、公共服务部门、非营利性组织及服务提供人。咨询服务常常得不到协调，导致信息分散，甚至有时含糊，还为连续性事件的管理造成不便，所以被专家诟病。前来咨询的人主要

De Venloene 护理中心，荷兰 / 业主：WSG, Geertruidenberg+Stichting MaasDuinen, Kaatsheuvel

关心与居家养老和住宿养老各提供人、与获得其他福利的可能性和条件，以及与协助入住养老院有关的信息。除此外，保险基金会的专家会提供应对服务提供人的法律建议。老年人或其家属则很少关心集中咨询和事件管理。还有就是，接受现金补助的非正式护理人有义务听取连续的专业咨询，从而保证其护理的质量。专业的护理人则必须评估现有的护理安排并做出必要的修改。

⑤ 老年人俱乐部

在老年人救助系统内，福利协会、教会或非营利的团体组成的组织，服务对象、活动主题和实施措施都由俱乐部自己决定。这样能产生各具特色的服务内容，由专业人士和志愿者一起合作完成这些服务，为了让老年人身心更健康。

⑥ 其他医疗辅助

长期护理保险和医疗保险承担基础养老设备的费用，如轮椅、助行器、特殊床具、应急呼叫系统和材料等。在长期护理保险框架下，医疗保险下属的医疗部专家们会对医疗辅助的必要性进行评估。大型的设备如轮椅，一般是向与护理保险基金会签订过合同的特定服务中心或医疗器材供应商处借用。

3. 居住养老

为了满足大多数老年人的期望，德国政府努力使老年人尽可能长久地在自己家中独立地生活。在这个原则的指导下，政府提出针对老年人不同生活模式的居家养老方案概念，以应对老年人方方面面的个体差异。最主要的做法就是对老年人的家庭进行改造，使其能够适应老年人在生理上发生的变化。典型的手法是：营造无障碍起居空间、改造卫生间和厨房，并使老人进出建筑物和公寓方便。同时也集中为老人提供方案咨询服务。从长期护理保险中还可以获得改造赞助。

另外还有一套特别的居住方案。常规的住宅开发项目内还包括为满足老年人特殊需求而建设的公寓，使得不同辈分的人可以居住一起。这类公寓除了能满足老年人的需求外没有其他优势，不过为有需要的人群设置了特定的护理院。这种类型的住宅配有电梯和装备良好的出入户通道，带有配备应急呼叫系统、日间护理和咨询服务专员的护理系统。在由公共费用补贴的住宅中，租金与其他公共费用补贴的公寓持平。

4. 住宿护理

与居家养老设施不同，原联邦德国各州从 20 世纪 80 年代起，新联邦州从 90 年代起，住宿护理设施的覆盖范围有所扩大，质量也有所提高。住房质量和舒适度、老年人特殊住房的多样性（养老院只是其中一种）、各种主办机构的市场份额（营利性提供人比重提高）、使用者承担的住宿养老费用以及住户的特征都有了明显变化。

三、德国养老地产对中国的借鉴意义

目前我国的人口老龄化也日益严重，加上人口基数大，庞大的老年人口如何养老是一个亟待解决的课题。而经过分析可以看出，我国在养老市场遇到的问题与德国也并非完全不同，很多的相似之处也能有借鉴之处：市场供不应求，养老机构或高端到普通老人无法承担相应费用，或廉价但不能提供良好服务；传统观念不愿意选择去养老机构养老等等。所以，德国成功的养老模式对于我国而言有其重要的借鉴价值。

为了适应不同特点的老年人群，普通的老年住宅、老年公寓或是老年社区都是值得开发的项目类型。从宏观的规划到微观的细节都做好适应老年人行为特点的精细化设计是设计这些产品时的关键。根据自己的行动能力，老年人可选择适合自己的产品类型入住。

针对经济能力不尽相同的老年人群，则可以考虑开发不同的养老产品运营模式。目前市场上比较主流的模式有以下四种：1. 出售；2. 出售和持有结合；3. 会员卡模式；4. 集合股权模式。四种模式皆应以服务老年人特殊的生活特点为最终目标，最好同时积极联合其他相关的有意参与养老地产的行业一起开发，一方面充实了资金，一方面又分散了风险。

此外，养老地产是否能够顺利推进良性发展，政府的政策支持很关键。目前我国政府实施的相关政策主要有减免税收或是提供经济补助，这对推进我国养老地产市场是非常有必要的。

总之，只有社会各界都支持和参与到养老事业中来，并根据我国具体的国情进行不断的摸索和改进，才能使借鉴来的经验更快更好地服务于中国自己的养老地产市场。

德国养老体系与设施建设研究及对中国的借鉴

文：卢求 \ 洲联集团

摘要：本文对德国社会养老体系，包括人口结构、养老方式、养老保险体系、护理保险制度、养老设施建设、养老市场发展预测及对中国的借鉴等进行了分析研究。文章包含丰富的数据资料（部分资料是首次介绍到中国）和两个德国老年护理公寓案例研究。

图1 德国老人在养老院

一、德国社会老龄化趋势及养老模式

1. 德国老年人口结构

根据德国联邦政府统计局最新养老统计数字，2011年年底德国总人口为8184万。60岁以上老年人口数量为2178万，占总人口比例26.6%；其中男性965万，占老年人口比例44.3%，女性1213万，占老年人口比例55.7%（本数据于2011年公布，下次统计数字将在2015年公布）。

2. 德国老年人生活模式及护理需求

德国老年人生活模式分为三种：

（1）居家自理（居家养老）：居住在家中，生活能够自理，不需要护理。

（2）居家护理（社区养老）：居住在家中，生活部分自理，但需接受移动护理服务或由家人护理。

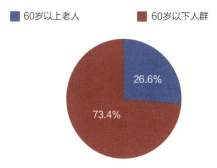

图 2 德国 2011 年老年人口比例

（3）入院护理（机构养老）：入住在养老院、护理院，接受护理或康复治疗。

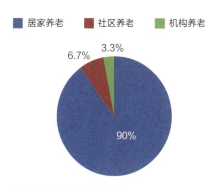

图 3 德国不同养老方式比例

2011 年德国有 250 万人（占总人口 3.05%）需要护理。预计到 2050 年这一数字将达到 450 万。在需要护理的 250 万人群中，30%（74.3 万）入住养老院，70%（176 万）居住在家中。居家接受护理中的 118.2 万人由家人护理，占护理人群总数的 47%；57.6 万人接受流动性护理服务（Ambulante Pflegedienste），占护理人群总数的 23%。

分析相关数据可以看出，2011 年德国 60 岁以上老人数量为 2178 万，其中 216.5 万接受护理，90%（1960 万）的老人居住在自己家中，生活能够自理。6.7%（145.6 万）的老人居住在家中接受家人或流动护理服务，3.3% 的老年人（70.9 万）入住养老机构。

绝大部分德国人愿意在年老时继续居住在原有社区环境中。随着年龄增长、疾病等因素，逐步出现护理需求，他们之中大部分人选择继续居住在家中，由家人或专业护理机构提供流动性护理服务。只有在健康状况不得已的情况下才会入住养老机构。另有一部分经济条件优越的健康老年人，较早入住高级养老公寓，享受舒适的居住环境和优质服务。

二、德国养老设施建设及需求预测

1. 德国养老设施类型

面对上述三种养老方式，德国养老设施的建设主要包括三方面，分别是：住宅适老化建设；社区护理系统的建设；养老机构（养老院、护理院）的建设。

住宅适老化建设主要是新建住宅强制性无障碍设计，既有住宅的无障碍、适老性改造。德国相关法律规定，对满足居家护理条件的老人住所，护理保险机构给予住宅改造资助金 2525.57 欧元（2015 年提高到 4000 欧元）。住宅适老化建设还包括社区公共部分无障碍设计，适合老人体力和精神的环境设施建设等。

社区护理服务系统主要由专业机构提供，大型医疗保险机构提供监督和质量保障，患者共享服务

图 4 Hagibor 社会护理院，捷克，布拉格 /
业主：Prague Jewish Community

网点和急救站。养老院设施建设和运营由慈善机构、民间组织和政府共同承担，均衡合理规划布局。养老院根据提供服务的范围不同，可细分为养老院，养老公寓和护理院。

德国养老院以出租型物业为主，几乎没有大规模销售型养老地产项目。

2. 德国养老设施需求

根据德国第 12 次人口预测，德国未来总人口将有所减少，与此同时老年人口比例将明显增加。预计到 2030 年，德国 65 岁以上老年人口将增加到 2850 万，80 岁以上老年人增长比例更大。老年人比例明显增加，相应护理需求亦将明显增长。

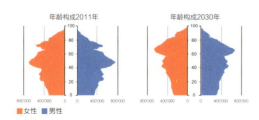

图 5 德国人口构成，2011 年及 2030 年。
资料来源：德国联邦统计局

特别是 2020 年至 2050 年期间，护理设施及服务需求增长达到巅峰突出，这是因为 20 世纪 60 年代战后婴儿出生高潮期出生的人群进入老年期，需要相应护理。长远来看，后续是出生率较低的年代，相应老年人口绝对数量减少，对护理设施及服务的需求亦将逐步减少。

由此可见，随着老年人口比例的增长，德国养老设施需求增长突出，预计到 2030 年德国需要新增护理设施床位 32~39 万张。

三、德国养老保险及护理保险制度

1. 德国养老保险体系

德国拥有完整的养老体系，一流的护理和医疗服务，但这一切都非常昂贵，如何支付这些巨大开销？德国养老制度从社会整体来说主要依靠三大保险支撑，它们是养老保险，医疗保险和护理保险。这三种保险都是法定保险，原则上所有就业人员都需缴纳。缴纳保费的额度根据工资收入提取一定比例，虽然每个人缴纳保费的绝对数额可以相差很大，但获得的医疗服务和护理服务水平是一样的。以下是 2014 年这三项保险的缴费费率：

养老保险（RV）：税前工资的 18.9%，其中雇员交纳 9.45%，雇主缴纳 9.45%。医疗保险（KV）：税前工资的 15.5%，其中雇员交纳 8.20%，雇主缴纳 7.30%。护理保险（PV）：税前工资的 2.05%，其中雇员交纳 1.025%，雇主缴纳 1.025%。

以上是一般性费率规定，实际执行中还有许多条款和特例。如年度税前工资超出 48000 欧元以上部分，不再需要缴纳医疗保险；年度税前工资超出 71400 欧元以上部分，不再需要缴纳养老保险。国家公务员、律师、医生、建筑师等特殊行业交纳保险有特殊规定。如果人们需要更好的医疗和护理服务，可以额外购买私人保险。

2. 德国护理保险

德国在世界上最早建立护理保险制度，成为各国研究、借鉴的样板。为应对日益增长的老年人护理需求和高昂的护理费用，德国20世纪90年代初开始起草护理保险相关法律。1994年联邦议会通过了护理保险法（Pflegeversicherungsgesetz SGB XI）并从1995年开始生效实施。该法规定了"护理保险跟从医疗保险的原则"，即所有医疗保险的投保人都要参加护理保险。保险费率按照投保人的收入计算，初期费率为1.7%，2013年起调整为2.05%。保险费一半由投保人支付，一半由雇主支付。本文作者当时还在德国工作，1995年第一个月的工资单中就出现了护理保险这一新科目，个人交纳数额接近税前收入的1%。德国社会对此项保险的引入几乎没有太多争议，民众也很快接受了这一项新的保险。

图6 Norra Vram 疗养院，瑞典，比夫／业主：Partnergruppen

参加护理保险之后，当人们因年老、疾病等因素无法自己料理日常生活时，可自己或委托家人提出申请。护理保险机构提供三个独立医疗评估机构（Gutachter），申请者选择其中之一对其申请进行评估。评估机构通常需要进行上门访问，根据申请人情况及法定条款等确定申请人的护理级别，同时也就确定了每月相应护理费额。由医疗保险公司统筹安排，形式上有提供实际护理服务或支付现金两种。

德国社会2010年护理保险支出为214.5亿欧元，60岁以上老人平均每人约1000欧元。

3. 护理等级和保险金的支付

德国护理保险法规定，护理需求指患者由于身体、精神或神经上的疾病或障碍，习惯性、经常性、反复性发作，导致日常生活需要长期（预计大于6个月）的帮助。

按需要强度护理分成三级（Pflegestufen），分别是：一级护理，每天至少90分钟，包含至少45分钟的个人护理（饮食、卫生、日常行动），其余时间为家务工作。二级护理，每天至少180分钟，包含至少120分钟的个人护理（饮食、卫生、日常行动）。三级护理，每天至少300分钟，包含至少240分钟的个人护理（饮食、卫生、日常行动）。夜间（22:00~6:00）也必须有护理服务。

0级护理（2013年起引入）：指老年智障或其他生理及精神有障碍的患者日常生活确实需要帮助，但其护理需求强度尚未达到一级护理水平。护理分为居家由亲人护理、居家接受流动护理和住院护理三种形式。费用水平每年随物价有轻微增长，以2014年为例各项护理保费支付情况如下。

家人护理保费支出

患者可以选择居家由亲人护理或居家接受流动护理。居家由亲人护理并领取护理保险金的前提是，上述医疗评估机构确认患者居家由亲人照顾的护理质量能够通过适当方式得以保证，且在执行过程中需要经常进行质量检查回访（详见护理保险法）。

由家人护理，2014年保险公司支付护理保险费用水平如图7：

短期替补护理保费支出
如果承担护理的老人亲属由于生病或休假短时间不能承担护理工作，保险公司承担临时替补护理人员的费用，最多四周时间，支付费用上限如图8：

流动护理费用支出
如果家人因为工作等原因不能提供护理，患者可选择居家接受流动护理。这种情况需要患者与专业护理机构签订相关协议，保险公司与护理机构直接结算费用。由专业机构提供流动护理服务，保险公司支付费用上限如图9：

部分入院护理（日间照料中心）保费支出
如果家人因为工作等原因只能夜间护理，白天希望将老人送到日间照料中心护理，保险公司与护理机构直接结算费用。这种情况下保险公司支付保额上限如图10：

入院护理费用
如果患者希望入院护理，保险公司支付上限如图11，但养老院的住宿费，餐饮费等需患者自己承担。

入院护理个人承担费用
目前德国老年人入住养老院30平方米左右单间房的费用约为每月1500~2000欧元。50平方米左右套间费用约为每月2500~3000欧元。护理服务另计。

护理等级	0级（轻微护理）	一级（轻度护理）	二级（中度护理）	三级（重度护理）
护理保险费用给付欧元（2014年）	120（智障老人）	235（智障老人305）	440（智障老人525）	700（智障老人700）

图7

	0级护理	一、二和三级护理
护理保险费用给付欧元（2014年）	1550（智障老人）	1550（智障老人）

图8

护理等级	0级（轻微护理）	一级（轻度护理）	二级（中度护理）	三级（重度护理）	特级（特别护理）
流动护理费用欧元（2014年）	225（智障老人）	450（智障老人665）	1100（智障老人1250）	1550（智障老人1550）	1918（智障老人1918）

图9

护理等级	0级	一级	二级	三级
部分入院护理欧元（2014年）	231（2015年）（智障老人）	450（智障老人450）	1100（智障老人1100）	1550（智障老人1550）

图10

护理等级	0级（轻微护理）	一级（轻度护理）	二级（中度护理）	三级（重度护理）	特级（特别护理）
入院护理费用欧元（2014年）	231（2015年）（智障老人）	1023（智障老人1023）	1279（智障老人1279）	1550（智障老人1550）	1918（智障老人1918）

图11

根据德国第二大医疗保险公司 BARMER GEK 2013 年一项研究数据显示，德国 2011 年入院接受一级护理的老人，保险公司支付护理费用 1023 欧元，自己平均需支付 1038 欧元，三级护理保险公司支付 1510 欧元，自己需支付 1802 欧元。

四、德国接受护理人员及护理工作人员比例

1. 各类护理等级占比

随着年龄增长，老年人护理需求急剧上升。德国 2011 年 250 万人接受护理，这一数字较 2009 年增长了 7%。

德国 2011 年需要护理的人群中，女性占多数，为 65.5%。所有接受护理人群中一级护理占 54.8%，二级护理 32.7%，三级护理 12.2%。

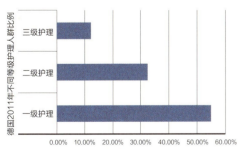

图 12 德国 2011 年接受不同等级护理人群比例

2. 不同年龄组老人接受护理的比例

随着年龄的增长，需要护理人群的比例有明显增加。德国 2011 年 70~75 岁的老人中有 5% 接受护理，80~85 岁的老人中有 20.5% 接受护理，而在 90 岁以上老人中有 58% 需要护理。不同年龄组接受护理的人群比例如下：60~65 岁接受护理的比例是 1.8%，65~70 岁接受护理的比例是 2.8%，70~75 岁接受护理的比例是 4.8%，75~80 岁接受护理的比例是 9.8%，80~85 岁接受护理的比例是 20.5%，85~90 岁接受护理的比例是 38.0%，90 岁以上接受护理的比例是 57.8%。

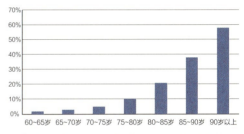

图 13 德国 2011 年不同年龄组老人需要护理人群的比例

3. 入住养老院的人群年龄比例

入住养老院的人员构成比例，与需要护理的老年人比例并不完全吻合。分析研究入住养老院人群年龄构成，能够有针对性、精细化地进行养老院规划建设。德国入住养老院的人群中，高龄老人居多，80 岁以上老人占 70%。不同年龄组入住养老院或护理院人群比例详细情况如下：60~65 岁年龄组人群占 2.5%，65~70 岁年龄组人群占 3.5%，70~75 岁年龄组人群占 7.9%，75~80 岁年龄组人群占 11.9%，80~85 岁年龄组人群占 19.7%，85~90 岁年龄组人群占 26.3%，90 岁以上年龄组人群占 23.6%。

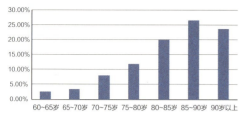

图 14 德国 2011 年入住养老院不同年龄组老人比例

4. 德国护理人员比例

2011 年养老院工作人员 66.1 万人，部分为兼职工作人员，相当于 48 万个全职岗位。在流动护理服务机构就业的人数为 29.1 万人，同样有部分兼职工作人员，相当于 21 万个全职岗位。

2010 年统计每 100 位居家接受护理服务的老人平均需要 48 名护理人员，居住在养老院的老人平均每 100 人需要 83 名护理员工（包括全职和兼职员工）。

五、德国养老院数量、养老院分布、入住率

1. 德国养老院数量

2011 年全德国共拥有达到护理保险法要求的养老院 12354 所，总共拥有 87.5 万张床位。平均每所养老院拥有 71 张床位。德国新建养老院至少为 100~150 床位，少于 80 床位的养老院对投资和经营者缺乏吸引力。

2. 德国养老院分布

从养老院分布情况看（2010 年数字），北威州 2232 家，巴伐利亚州 1633 家，下萨克森州 1477 家，巴符州 1466 家。上述四州拥有养老院数量最多，占德国所有养老院的 58.5%。

大城市里柏林养老院的数量最高（378 所），其次是汉堡（187 所），汉诺威（171 所），之后是科隆（90 所），不来梅（86 所），德累斯顿（75 所），埃森（71 所），莱比锡（69 所），纽伦堡（63 所），慕尼黑（61 所），杜塞尔多夫（59 所）。

3. 德国养老院床位数

德国 2011 年养老总共拥有 875549 张床位。院单床间占总数的 60.2%，双床间占 39%。

新建养老院单人间的比例通常在 75% 左右。由于人类寿命的延长，老年智障（Demenzerkrankungen）人口数量也不断增加，新建养老院常常提供老年智障患者专业护理部门。

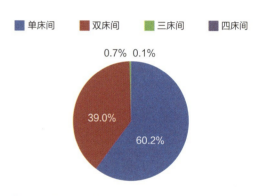

图 15 德国 2011 年养老院房间床位数

4. 德国养老院入住率

德国养老院 2010 年平均入住率为 86.6%。其中仅提供长期护理的养老院入住率为 86.1%，而同时提供长期和短期护理（包括仅日间或仅夜间护理）的养老院入住率为 90.2%。

六、养老院的经营机构

德国养老院的经营机构中 54% 是由公益及慈善组织（Caritas, Diakonie, DRK, Paritätischer Wohlfahrtsverband, AWO），41% 由私人企业，其余约 5% 是地方政府等公共机构经营。

私人机构 公益及慈善机构 政府机构

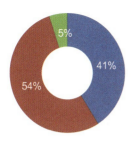

图 16 德国 2011 年养老院的经营机构

连锁经营的养老院（如 Augustinum, Casa Reha, Curanum, Kursana, Marseille-Kliniken, Maternus-Kliniken AG, Pro Seniore 等）在过去十年间有一定增长。

德国的养老院备受房地产投资者追捧。除了看好人口老龄化发展对养老院设施的需求，长期租约和拥有专业的运营商对投资者来说也是重要的。养老院管理长期的成功不仅取决于正确的地理位置，同时需要正确的经营理念和经营者的专业水平和信贷实力。

七、德国养老设施建设市场发展趋势

预计未来通过收购或兼并会形成连锁化养老院机构，依靠品牌优势、标准化管理，提高质量降低成本，产生竞争优势。

虽然在 2003~2010 年间，养老院单人房间数量增加了 7%，但未来由于节约成本的压力，新建养老院单人间数量可能缩小。

建筑设计方面可能趋向于两个单人房间，共用一个卫生间，通过门锁控制，保证使用的私密性和方便性。

人口发展和老龄化趋势显示德国未来需要明显增加养老院设施，新建和改建更新养老院床位。预计 2010~2020 年间需新增 20.9~26.1 万张床位（1740~2180 所养老院），2010~2030 年间需新增 31.7~39.6 万张床位（2640~3300 所养老院）。

八、德国养老院案例分析

斯图加特奥古斯提诺高级老人护理公寓（Augustinum Seniorenresidenz Stuttgart-Killesberg）

奥古斯提诺高级老人护理公寓坐落在斯图加特市北部高尚居住区，距离市中心仅 3 公里，具有便捷的公共交通系统，北侧是绿地公园。项目于

图 17 斯图加特奥古斯提诺高级老人护理公寓资料来源 卢求摄

2009 年落成，总建筑面积 39500 平方米，拥有 290 套公寓，户型为两室、三室，面积在 46~76 平方米之间。公共设施包括休息厅，餐厅，咖啡吧，商店，图书馆，小剧场，会客室，小教堂，泳池，SPA 水疗区，美容康复区等。

公寓拥有现代化建筑风格与设施，坐落在坡地上，为了创造舒适的环境以及与周边较小尺度的居住建筑环境相协调，公寓建筑分为八栋四组、五~八层相对独立的单体楼座，通过首层连廊将各建筑及公共设施连通。结合地形设计了三个宽敞舒适的室外花园平台，提供健康、餐饮和文化活动

空间。

老人公寓常年有丰富的演出、音乐会等文化活动。经常性组织提供游泳、康体、水疗等培训，并有多种多样创意制作、社团活动、节日庆典、宗教活动等。

慕尼黑 KWA 布隆艾克老人护理公寓（KWA Stift Brunneck）

图 20 慕尼黑 KWA 布隆艾克老人护理 公寓资料来源 卢求摄

图 18 斯图加特奥古斯提诺高级老人护理公寓 资料来源 卢求摄

布隆艾克老人护理公寓位于慕尼黑南部郊区奥托布伦（Ottobrunn）小镇中，距离慕尼黑市中心约 20 公里。小镇上生活服务设施齐全，有城铁与市中心连接。护理公寓周边有大面积绿地，远处可眺望阿尔卑斯山风景。

公寓建设于 1980 年，至今已有三十多年历史了，建筑外观上看有些陈旧，但业主不断进行维护和更新，建筑内部养护得较好，感觉还是相当舒适。

项目共有 85 套公寓，户型有一室、二室及三室，面积在 27~80 平方米，几乎都带有阳台。新近改造后的房间内部结构有所优化，窗户面积加大，窗户保温性能大大提高，卫生间、橱柜和室内装修也相应进行了更新。大部分老人入住都是携带自己喜欢和习惯了的家具。

项目规模虽然不大，但也拥有餐厅、图书室、咖啡厅、休息厅、小教堂、多功能厅（可举行小型音乐演出和生日庆祝活动等）和一个小型游泳池。

图 19 奥古斯提诺高级老人护理公寓 资料来源 奥古斯提诺

养老公寓提供 24 小时护理服务，及签约医生医疗服务。日常生活帮助以及临时性生病护理（14 天以内）包含在基本费用之内。项目还有老年智障患者公寓专区。

公寓房间内部包含卫生间、高档橱柜，室内家具可以由入住老人携带自己喜欢和习惯的家具。房间窗户较大，几乎都带有阳台。

项目基地范围内有一片花园，有大型树木、散步道和一处种植荷花、睡莲的小水面。

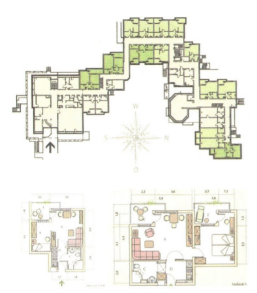

图 21 慕尼黑 KWA 布隆艾克老人护理公寓平面图 资料来源 KWA

图 22 慕尼黑 KWA 布隆艾克老人护理公寓 资料来源 卢求摄

项目提供一般性生活帮助和临时性疾病护理（14天以内）包含在基本费用以内。流动性专业护理德国养老公寓强调为老人提供个性化、自由、舒适的居住和生活空间。如室内家具与装饰，可根据老人自己喜好布置，每周为健康老人组织各种活动，包括外出旅行。大多数养老机构非常注重员工的专业培训和对工作的热情及自豪感培养，有严格的质量管理体系和第三方质量认证体系。

九、德国养老体系及设施建设对中国的借鉴
1."9073"养老大格局

虽然中国和德国经济发展状况、老年化进程都有较大差距。但中国社会正在加速进入老龄社会，老龄社会所面临的矛盾与问题是相近的和有规律性的，德国的经验值得我们研究和借鉴。

对比中国情况，2010 年第六次人口普查数据显示，60 岁以上人口达到 1.776 亿，占总人口的 13.26%，相比德国 2011 年该数字是 26.6%，中国相对还是一个较年轻的国家。但根据中国统计局 2014 年 1 月 20 公布数据，2013 年底中国人口总数 13.6 亿，60 岁以上老年人口数量为 2.024 亿，已占到 14.9%。仅 2013 年一年，60 岁以上人口新增 853 万。预计到 2050 年，60 岁以上人口将达到 4.3 亿~4.5 亿，占总人口的 1/3。

中国政府结合国情，确定了"9073"养老格局目标，即 90% 的老人在社会服务协助下通过家庭照顾养老，7% 的老人通过购买社区照顾服务养老，3% 的老人入住养老服务机构集中养老。

"9073"养老格局目标在德国已经实现。2011年德国相应数字为90%、6.7%和3.3%。这从侧面也印证了中国政策的可行性和现实性。

2. 养老核心问题是护理问题
随着年龄的增长，老年人由于生理机能的退化和疾病的原因，需要护理服务的比例愈来愈高。护理问题是养老体系建设的核心问题。

健康老人完全可以居住在自己原有熟悉的社区，当健康状况需要护理时，根据经济条件，依次考虑由家人护理、流动护理、入院护理。

在解决老年人护理需求问题上，入住养老机构护理无论是对社会和个人都是成本最高的。

德国老年人居家由家人护理对于保险公司费用支出几乎减少一半，相比送老人入住养老院个人及家庭护理更能节约一大笔费用，且此种方式可以增进老年人与子女的亲情关系，子女们还可以从保险公司获得一些收入补贴。因而德国国家政策鼓励老人居家由家人护理。

统计数字显示2011年在德国需要护理的人群中，有47%的老人选择居家由家人护理，23%接受流动性护理服务，只有30%入住养老院。由此可以看出德国养老保险政策执行比较成功，如果需要护理的老人全部入院护理，国家的负担将急剧增加，患者家庭也须承担高昂的住宿费，老人本身还并不一定愿意。

德国60岁以上人口中接受护理服务接近10%。数据显示，巴符州、巴伐利亚州和汉堡需要护理的老人（含所有年龄组）人口比例最低；而在前东德地区的梅前州，图林根州，萨安州和勃兰登堡州及农村地区需要护理的老人人口比例较高。形成这一现状，可能与过去数十年间经济发展水平及其劳动强度和健康保健情况相关。对比中国的情况，中国实际需要护理的老年人口比例可能明显高于德国。

中国面临巨大的老龄人口数量和庞大的护理需求，必须制定相应的政策和经济措施，包括利用保险金融等工具，鼓励民间企业、资本进入护理服务行业，力求达到70%有护理需求的老年人能够在家里通过家人或流动护理解决护理需求。

3. 德国护理就业人员总数接近汽车行业
德国在实施护理法之后，老人护理状况得到明显改善。护理行业就业人数和培训水平有较大提升。2010年养老院护理工作人员共有62.1万人，相当于45.3万全职护理工作岗位，在流动护理服务机构就业的人数为27万人，二者合计共72.3万人，接近德国汽车工业就业人口总数。

德国养老院平均入住100老人有护理人员83人。60岁以上老人平均每千人有33.7位护理人员。2013年底中国60岁以上老年人口数量为2.024亿，如果达到德国水平，中国护理行业就业人数将需要685万人。这是一个巨大的潜在就业市场。

中国护理行业急需研究学习德国等发达国家护理行业先进理念、质量管理措施、人员培训系统等经验，提高行业整体水平。

4. 养老机构床位数量
德国2011年人口总数为8175万，60岁以上老年人口数量为2149万，占人口比例26.3%。养老院床位数量为84.5万张，平均每千名老人拥有养老床位39.3张。

根据中国民政部老龄办 2014 年 7 月 21 日发布数据，2014 年中国拥有养老床位 493.7 万张，平均每千名老人拥有养老床位 24.4 张。对比中国国家统计局 2014 年 1 月 20 公布数据，2013 年底中国 60 岁以上老年人口数量为 2.024 亿。如果达到德国的水平，中国还需要增加养老床位 301.8 万张，差距相当巨大。且中国老年人口比例每年增长迅速，2013 年 60 岁以上人口增加 853 万，如果达到德国水平，仅满足新增老年人口需求一项，每年就须新增养老床位 33.3 万张。中国养老院床位数量短缺短时间内是无法解决的难题。目前部分养老院存在床位空置现象，主要原因是市场定位不准确，设施、服务水平差的原因，经营好的养老院总是床位难求。鉴于未来相当长时间内养老院床位资源有限，中国新建养老院定位应优先满足有护理要求的老人入住，重点不是为健康老人养老。在规划建设和经营管理上两者侧重点是不同的。

5. 养老地产的开发
德国养老院运营基本是以出租物业加购买服务的形式为主，几乎没有大规模养老地产投资项目的开发。主要原因是德国人口总数基本稳定，住房市场没有大量新增需求。健康老年人更倾向于居住在熟悉的城市与社区之中，新开发的养老住宅产品多以多代居的形式，使老人轻度护理需求能够通过社区和流动护理服务得到满足。

因为收入和经济条件不同，老年人居住环境和对护理的要求也有巨大差异。从建立社会保障体系的角度，政府除需要制定相应政策、法规以外，有限的财政投入应重点投入在社会基本护理保障体系的建立，政府本身不需要过多介入养老机构的建设及运营。

图 23 德国弗赖堡多代居住宅 资料来源 卢求摄

中国的经济水平与德国相差很大，养老设施建设滞后严重。因而不能简单照搬德国经验，特别是养老院设施水平上。德国养老院以单间为主，且单床建筑面积较大，中国需要根据项目定位特点确定相应的面积指标。

德国整体经济发展趋于放缓，但养老产业方面投资活跃、收益良好。中国未来中高收入老年人群在居住和护理需求方面有较大市场空间，如果能够准确把握客户需求，深入细致研究、开发相应产品和服务，一定会有长期稳定回报。

日本养老经验借鉴

文：刘海强\洲联集团

一、日本养老地产发展研究

日本是目前全球老龄化率最高、老龄化速度最快的国家。据日本总务省统计局公布的2012年版《老龄社会白皮书》指出，截至2012年10月1日，日本总人口中65岁以上的老龄人口占总人口的比例为24.1%。其中，75岁以上的老龄人口占总人口的11.9%。日本老龄化人口比例由1970年的7.1%递增到1995年的14.6%，仅用了25年时间，再递增到如今的24.1%更是仅仅用了17年，增长速度堪称前所未有。

日本政府着手建立和完善了养老服务体系，以解决老年人的收入、医疗、护理等保障问题，并大力发展了养老产业。其结果是逐步实现了老人福利法制化、运行机制多元化和专业化。日本的养老事业与养老产业发展大体经历了三个发展时期：一是初创期（20世纪50年代初到60年代初）。一方面以生活保护法颁布保障最低生活标准，以一对65岁和68岁的老年夫妇为例，由于生活成本的差异，生活在东京地区，每个月可以领取120,270日元的最低保障金；生活在东京以外地区，每月则可以领取93,210日元的最低保障金。另一方面医疗法、医师法、保健师助产师法和看护师法的施行，从法律和政策两方面保障了老年人（特别是低收入、无依靠的老年人）的生活和医疗条件。

与此同时，创立了养老院，主要面对的当时无家可归的贫困阶层，相当于现在的收容所。之后，1958年的国民保险法和1959年的国民年金法的相继颁布和医疗保险制度的完善，标志着日本保险和医疗的全民化覆盖，这些法律制度的建立，解除了老年人在经济和医疗方面后顾之忧，也标志着日本的养老事业由政府保障的生活救助转向了社会保险制度。

二是发展期（20世纪60年代初到80年代初）。经过20世纪六七十年代的日本经济高速发展，综合国力提高，政府相应地提升了对老年人的福利投入。对于养老而言，1963年制定颁布了有老年人宪法之称的老人福利法，从而确立了老年人社会福利制度的基本框架。政府承担的社会福利事业已经不能满足社会的需求，政府及时调整政策，制定收费养老设施行业指导方针，建立市场规范及行业标准，鼓励民间发展老年福利事业，以适应老龄社会的多种福利需求。

三是政策转换期（20世纪80年代中后期至今）。随着高龄化的加剧，瘫痪痴呆老年人的数量急剧增加，老年人护理的问题成为一个不稳定因素。加之养老机构和养老产品管理混乱，于是政府成立银色标志认证委员会，实施银色标志认证制度，对各种符合条件的养老设施及产品进行认证及公布。之后，通过一些法律的修订，政府为民间的福利设施提供低息甚至无息贷款，同时在税收上给予优惠，激活了民间资本的积极性，使得养老之路真正走上了蓬勃发展的道路。

二、日本养老地产的种类

日本养老地产主要分为"机构设施"和"住宅"两大类。老年住宅的模式基本都不是以出售产权为目的的经营模式。"机构设施"模式就是由开发商建造一所适合老年人居住的设施，设施内配置以护理为主的各种服务；而"住宅"则是房东通过收取租金得到投资回报的模式。

"机构设施"可以做以下分类：护理疗养型医疗设施、老人保健设施、特别养护老人住家、养护老人住家、低收费老人住家、收费老人住家、患有老年痴呆症高龄者的集体住家、高龄者生活援助住屋。

"住宅"类的模式分以下四种：面向高龄者的住宅、年长者住宅、银发住宅、自有产权住宅。"住宅"类中，除第3种"银发住宅"的入住老人可能需要轻度照顾以外，其他3种住宅模式的入住对象一般60岁以上且生活能够自理的健康老人。第一种"面向高龄者的住宅"是当前经营者倾向的"住宅"类中具有代表性的模式。签订了租赁合同后，"面向高龄者的住宅"的房东可以配置护理、餐饮、清扫、家政等服务以增加收入，入住老人可以根据需要选择服务项目与房东另行签订服务合同。"面向高龄者的住宅"与"收费老人住家"最大的区别是前者不强制要求配置护理服务，而后者一般必须配备护理服务。

三、日本养老地产的经营模式详解

1."机构设施"类——"收费老人住家"

(1)收费模式

收费项目包括:入住金、管理费、餐饮费、护理费、清洁费等。老人入住时一次性支付的费用叫"入居一时金",支付入住金的目的是购买"收费老人住家"内的一个单元的房屋、共用部分、公共设施及设备的"使用权"。在东京,有些高端"收费老人住家"的入住金标准为1亿日元或5000万日元以上;中端的在5000万日元左右;低端住家在1000万日元以下。入住金的计算方式是根据入住老人的年龄、健康状况、当地平均寿命等各种可能影响老人入住期长短的因素来预测老人从入住至故去的期限。

比如东京都涉谷区一位65岁健康的男性老人想入住中端标准的"アリア惠比寿南"收费老人住家,假若该老人的寿命评估结果为东京的男性平均寿命,78岁,其按照上述老人综合评估为每月30万日元(包含40平方米房间租金和基本的生活需求,比如水、电、家具、电话等费用),入住时,需要交纳300万日元的保证金,按照13年的生命计算,一次性收费额度为4980万日币。所以,入住金可以理解为这位老人需要预付13年的租金。如果老人中途提出解除合同或故去,"收费老人住家"需要扣除老人已入住期限的费用,余款将退还老人或其合法继承人,但保证金不会退还,入住金可以事先一次、分期或每月收取。如果老人的寿命长于预测期限,老人有权免费行使"使用权"直至故去。除此之外,"收费老人住家"每月还可以收取的费用包括管理费、餐饮、护理、清洁等各种服务费。

(2)赢利模式

法律规定"收费老人住家"的每一单元的使用面积必须在13平方米以上,可以供一个老人单独居住(老人如果需要特殊护理的,其居住面积最低为18平方米)。由于13平方米的单元太小,无法配备单独的厨房、杂物间和盥洗室,在这种情况下"收费老人住家"就必须提供可以满足多人使用的食堂及盥洗室。20平方米一个单元,每个单元内配置单独的小厨房和盥洗室成为当前日本"收费老人住家"的主流。通过向每个入住老人收取一次性的"入住金",把每个单元的部分或大部分成本回笼,开发商的资金压力得到了缓解。在运营过程中,再通过每个月收取管理费及服务费维持日常运营和回收其他投资成本。

(3)成本计算

"收费老人住家"的成本主要为土地、建设、工资、设备、水电煤等费用。其中,工资几乎占50%的日常运营成本,所以利用非全日制护理工或派遣员工的现象很普遍。

2. "住宅"类 ——"面向高龄者的住宅"
(1)收费模式
收费项目包括:每月租金、管理费、护理等。
在日本,因为老人的身体、经济状况都比较特殊,房东承担的风险比较大,房东一般不愿意将房子出租给老人。为了使老人能够租到住房,同时也帮助愿意将房子出租给老人的房东顺利将房子出租,政府出台了《高龄者专用租赁住宅登记标准》。这部标准主要内容就是由政府搭建面向老人的租赁信息平台,鼓励房东按照此标准将现有房屋进行改建并登记备案,这样老人就可以很顺利找到合适的住房了。

由于这类住宅的法律关系是房屋租赁,且入住对象一般是低收入的老人,所以不会收取"入住金"。在日本,这种模式更多被用于旧房改造或经营不善的租赁房屋。

以位于东京都品川区的"**メディカルホームまどか西大井**"为例,该房屋是旧楼房改造而来,共有45间居室,每间约为20.5平方米,每月租金为16万日元,入住时需缴纳100万日元的保证金,不收取入住金。合同一般以一年为一周期,如双方同意,亦可延长期限。看护师24小时常驻,但如需使用则需另外支付相应收费。

(2)赢利模式
"面向高龄者的住宅"的每一单元使用面积至少25平方米(如果有足够的公用面积,每单元的使用面积可以减少为18平方米)。按照房屋租赁的法律,房东可以收取相当于几个月租金的保证金。除房租收入,房东还可以向入住老人提供餐饮、清洁等服务增加收入。

(3)成本计算
主要有改建费用、物业管理、水电煤等费用。这种模式与前一种模式相比,配备护理服务不是必需的,房东可以自由决定是否配备,如果需要配备,可以自己配备也可以委托第三方护理机构。这种模式的法律关系比较简单、运营成本不大、风险比较小。

四、对我国养老地产的建议

1. 对政府的建议
为鼓励更多的开发商进军养老产业,政府需要出台切实可行的优惠政策,调动开发商开发养老地产的积极性：一是保证准入条件前提下适当放宽市场准入标准，鼓励民间资本进入养老服务领域。在规划审批、投资核准、融资服务、财税支持、土地使用、医保定点等方面，贯彻平等准入原则。二是实行同等待遇。凡各级政府给予公办养老服务项目的优惠扶持政策与措施，也适用于民营养老服务企业。给予非营利性机构、组织的各种优惠待遇和政策，也同样适用于从事同类服务活动的民营养老企业。

2. 对开发商的建议

（1）国内通过"招拍挂"拿到住宅用地的开发商，土地成本大，资金压力大；另外，由于老年住宅的特殊性，其建设成本一般比普通住宅高出20%左右，所以很难完全参照日本模式开发和运作老年住宅。这种情况下，如果考虑到将来老年人购买的需求，可以通过分析老人的生理、行为、心理和身体健康趋势进行人性化规划、建筑设计和室内设计，首先使建筑硬件满足老年人对于"住"的需求。作为前期的规划策略，可为小区配备老年人专业配套服务，比如护理、餐厅、家政等，让老人在选房时感觉这些附加服务物有所值，用这些服务让老人买个放心。日本的一些老年住宅或养老机构的运营商就正在向国内开发商提供包括整体规划、建筑设计、起草后期运营方案等各种服务。

另外，开发商还可以通过销售一部分产权房先期回笼大部分投资，同时自己保留小部分用来长期租赁，比如销售70%，租赁30%，整个小区再配以专业的老人服务，这样既可以快速收回大部分投资，又能通过租赁方式谋求稳定的投资回报。

（2）有些地方的开发商通过划拨、长期租赁集体土地或拿到其他非住宅用地，由于无法进行产权式销售，则可以借鉴上述机构设施中的"收费老人住家"的运作模式。但是，我国合同法规定，房屋租赁期限不得超过20年，超过20年的部分无效，所以在具体操作这种模式的时候，需要对日本的收费模式和运作模式进行本土化改造。比如，对于健康老年入住者可以一次性收取类似"入住金"，这个费用是用来购买带有一定期限（或终生）的服务，是购买"使用权"的对价，其行为不是租赁房屋的法律关系，而是老人与开发商之间因购买带期限的服务而形成的债权债务法律关系。当然，老人中途解约或者故去，开发商是否需要退还未住满期限的"入住金"、老人能否自由转让这种"使用权"、权利是否可以继承等等，还需要具体情况具体分析，找出最妥当的法律支持和解决方案。

（3）民间资本通过租赁现有厂房或废旧宾馆并改建成老人公寓或养老院进行商业化运作的，也可以通过收取一定的"入住金"外加每月收取服务费进行操作。这里需要注意的是，如前所述，房屋租赁合同无法超过20年，所以在和入住老人签订租赁合同时，最长期限只能20年，对于多余的年限可以考虑以赠送居住权的方式操作。基于房屋租赁这样的法律关系，老人中途提出解除合同或故去，租赁关系随即终止，房东则可以将房屋再出租。

（4）日本业内人士普遍认为，老年人住宅的未来趋势是复合型的附带医疗、护理及康复性设施的综合性社区。规划老人住宅，须同时考虑到老年人身体和精神两个层面的需求，脱离这两个基本需求的老年住宅是不会吸引老年人入住的。大多老人选择住宅时首先会考虑到医疗及护理的需求，所以在日本，有在医院内或紧邻医院建立老年住宅的"养老+医疗"型的；也有在老年社区或老年公寓第一层设立综合老人康复中心、外派护理中心或托老所的"养老+护理"型的设施。其次，老年人特别是健康老人需要更多精神的关爱。日本的大型老年住宅一般都设有老人与外界接触、交流的场所和空间，比如与同龄人聊天喝茶、与家人相聚、与社区年轻人沟通的场所。有的老年住宅内还专门开设幼儿园，一方面解决社区员工孩子入托问题，让员工没有后顾之忧；另一方面，让老人通过和孩子们的互动得到精神上的愉悦。现在国内，有的开发商已经开始尝试并探索"医疗护理养老"、"文化教育养老"、"生态养生养老"、"旅游养老"等各种概念的老人住宅及养老模式，期待不久各种模式会呈现出多样化、多层次、更成熟的趋势。

产品创新篇

老年公寓：应时之作尚需应对之策

文：洲联集团·五合智库

中国的老龄化趋势日益严峻，养老已成为摆在我们面前的一大课题。老年公寓作为养老模式的一个重要方向正在逐渐兴起，但相对国外成熟的老年住宅模式，我国还仅仅处于起步阶段，从资金来源、经营管理等方面来看仍处于政府主导，绝大部分属于非营利性质，市场化程度较低。营利性质的老年公寓仅在北京、上海、广州等一线城市，和气候环境优雅的青岛、三亚等旅游城市有初步的发展。纵观现有项目，运营成功率仍然很低，究其原因主要集中在以下几个方面：

老年公寓名不符实

目前市场上很多号称老年公寓项目，但其整个户型和设计细部并没充分考虑老年人群的具体需求；项目内老年公寓相关配套甚少；销售后期客户群年龄段不加控制区分……这类项目完全不能符合老年公寓所要求的软硬件标准，其实质仅仅是借老年公寓概念销售普通商品住宅。

产品品质有待提升

现有市场完全针对老年客群的公寓，其品质也良莠不齐。单从配套设施来看，仅有小部分规模较大的老年公寓社区配套相对丰富和完善，但由于后期服务不能达到承诺的标准、很多细节仍没有完整考虑老年客户群的特殊需求等原因，现有项目在品质上仍有很大的提升空间。

服务、管理水平难以提高

老年公寓还未形成一个单独的产业服务链，因此在服务和管理上存在很多漏洞，导致部分客户群对老年公寓的不认同，也在一定程度上限制了老年公寓的发展进程。其主要原因在于工作和管理人员整体受教育水平偏低，很多项目的服务人员都由下岗职工担当，缺乏相关的知识结构体系，服务和管理水平很难再上一个台阶。

国内老年公寓目前举步维艰，其实在此类产品发展成熟的美国市场，起步初期也同样不被看好，机构投资者认为这仅仅是个未成熟的小市场，但随着其逐渐成熟之后，众多机构投资者开始转向老年公寓市场，当头等公寓和办公楼的资本占有率平均在6%的时候，老年公寓快速提升到了10%。同时从美国老年公寓市场投资主体来看，营利性机构占到50%，在主要的大中城市中这一比例几乎达到70%，足以说明这一产品良好的投资前景。

随着我国老年公寓市场逐渐走向成熟，各类房企、机构投资者定会逐渐重视此物业，因此现在起步阶段应首先解决的还是产品缺乏吸引力、盈利能力差等问题。本文将借美国成熟的市场经验对我国当前老年公寓的开发运作提出一些建议和思考。

美国老年公寓中营利性和非营利性机构所占比例　表1

养老机构	数量	百分比	30个主要城市的百分比
营利性	29,659	49.2%	67.1%
非营利性	30,646	50.8%	32.9%

资料搜集：五合智库

一、深入研究市场，寻求产品导向

目前市场上的老年公寓缺乏对客户人群深入的研究，因此在产品定位方面均较雷同，在产品设计时并无太多区别，仅在服务内容上加以区分；产品单一，各年龄段老人混合而居，没有真正的从客户需求考虑。而对于老年公寓这类特殊的物业，必须深入了解消费客户群的年龄结构及产品偏好特征，才能正确把握投资风向，下面将以上海为例作充分说明，见表2。

从上海市的老年结构人群来看，60~74岁占据了老年人群中67%的比例，75岁以上的高龄人群占到1/3的比例。不同年龄段人群对于老年公寓的认同度和产品的需求性也都有不同的导向，下面以美国市场的经验值作基础对上海市场作粗略的估算，见表3。

通过细分客户群，上海市场老年公寓将以自住型为主，其次为陪助型，特护型的需求最少。而再仔细分析上海市整体的人口结构，即将步入老年的50~59岁人群多达352.61万，占到了总人口的15.32%，此部分人群主要为50年代出生人口，经历了中国30年的改革发展，思想较为开明，对老年公寓的接受度将比现阶段老年群体更高，

上海市2012年人口结构情况（单位：万人）　　　　　　表2

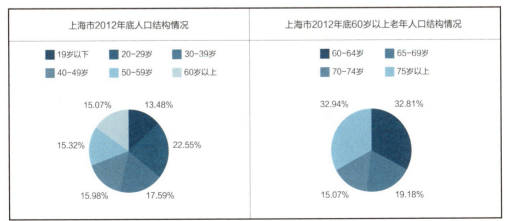

资料来源：上海市第六次人口普查、五合智库搜集整理

上海市场老年公寓需求估算　　　　　　　　　　　　　　　表3

年龄段	人口数（万）	美国市场成熟阶段认同度	上海市场认同度（估算）[1]	上海老年公寓床位需求量（万张）	各年龄段人群产品偏好[2]
60-74岁	232.67	37%	19%	44.21	自住型为主，陪助型为辅
75岁以上	114.28	19%	10%	11.43	陪助型、特护型为主
合计	346.95			55.64	

[1]. 美国市场认同度为老年公寓市场成熟阶段数据，而在产品成长阶段其市场认同度仅为当前的一半，目前上海市场仅属于成长初期，因此将认同度调整为美国当前值的一半。
[2]. 根据老人住宅及护理国家投资协会（National Investment Center for Seniors Housing & Care, NIC）的分类，老年公寓共分为三类：自住型、陪助型、特护型
资料来源：NIC、五合智库搜集整理

因此未来10年老年公寓的需求将有飞跃性的提高，而此部分客户群的需求也仍将以自住型为主。从市场需求导向来看，市场定位应以自住型为主。

二、切实制定开发策略，规避风险

产品齐全的大型社区在开发过程中，建议以大型的、齐全的产品开发策略为主，其优势主要在于：

1. 节约成本

老年公寓配套与一般的小区配套相比，所需内容更丰富，服务质量要求更高，如需要配套餐饮中心、老年大学、运动场、医疗中心等，一个老年公寓社区的配套服务投入是非常巨大的，因此从节约成本和社会资源利用率角度来看，大型居住社区是符合各方利益的。这也是中小型老年公寓配套较少，档次偏低的根本因素。

2. 保证客户群的内部流动

老年人随着年龄增长身体衰退速度加快，同时也是各类疾病的高发群体。因此在开发时应注意产品类型的丰富性，以便老年人随着年龄和身体的变化选择不同的公寓类型，但同时也应结合市场合理搭配各类产品比例。

3. 选址的就近原则

目前很多开发商在选址时更加偏向清净的郊区或自然资源良好的区域，以期给老年人提供一个舒适幽雅的生活环境，但往往此类项目最后的销售和经营状况不甚理想。其症结主要在于两方面：一是老年人习惯了此前长期居住的生活环境，不愿远离熟悉的环境和朋友；二是老年人仍然希望能经常与子女见面或方便子女探望。但同时又希望远离城市的喧嚣，有安静的生活环境，从而使得他们在老年公寓的选择上更加偏向于近郊的项目。

4. 产品设计具备家庭感

现有老年公寓多以床位的形式出现，更像是集体宿舍、敬老院，套间的设计也较普通住宅更窄小、功能更紧凑。美国老人住宅及护理国家投资协会在对老年市场需求调研中发现，现有老年公寓缺乏"家"的感觉，而老年人真正需求的是既有老年公寓的完善服务，又具备家感觉的公寓设施。因此我国在老年公寓的设计中，需要加大老年公寓的单套面积，在满足老年人特殊需求的同时，更要有着普通住宅的设计感，让老年人体味到家的感觉。

三、升级现有配套和服务

我国目前一些高品质的老年公寓已经具备较为完善的配套设施和服务,诸如医务室、棋牌室、健身室、阅览室;同时提供合理膳食、保健、心理等服务;还组织各类文娱体育活动班、外出游览等活动。尽管服务种类已经很丰富,但品质和内

3. 提供多元化的服务

如一些年龄偏小、行动自如的老人,在退休后不能适应闲适的生活,仍然有很强的工作欲,而现有老年公寓则不可能满足此需求,从而也导致了部分客户群放弃选择老年公寓。因此在老年社区中或社区周围可适量提供一些工作机会,让这些不能闲下来的老人继续发挥余热。

Rabenfluh 护理中心,瑞士,诺伊豪森 / 业主:Municipality of Neuhausen am Rheinfall

容上仍有可改进方面:

1. 高档次的配套设施

美国很多老年公寓社区都设有高尔夫球场,既加大老年人活动空间,又提升项目品质。从国内整体的经济水平来看,此类模式风险太大,不适于成长起步期的老年公寓市场。

2. 人力资本的投入

现有项目服务品质无法提升的根本原因,在于服务人员有限的知识结构和偏低的文化素质上。因此在配套设施完善的基础上,应该大力投入人力资本,加大培训或高薪聘请专业人士。在我国现阶段则可采取与一些医疗机构、心理咨询中心、健身中心等联办的策略,解决老年公寓产业中人力资本匮乏的难题。

Dornbirn 疗养院,奥地利,多恩比恩 / 业主:City of Dornbirn

老年住区的开发策划与规划设计

文：卢求 \ 洲联集团

一、市场与需求分析——中国快速老龄化进程为老年住宅开发提供了巨大的商业空间

1. 中国社会的老龄化趋势

中国社会已快速进入老龄化，以下几个方面指标突出显示这方面变化趋势

老龄化速度快于全国总人口增长速度

老龄化速度快于世界老龄化速度

老年人绝对数量大

我国老龄化速度快于经济发展速度

经济发达地区和大城市均进入老龄化

2013年，中国60岁以上的老龄人口将突破2亿，中国老龄化趋势迫在眉睫。根据联合国在第二届老年大会上发布的数据显示，到2025年，中国老年人口将占总人口的20%，到2050年，甚至可能达到40%。

2. 中国社会存在三种养老方式，导致不同的养老住宅需求：

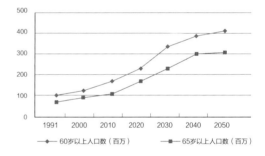

图1 中国老年人口未来增长趋势

（1）子女赡养。多数农村地区的老人和少数城市老人没有固定收入和储蓄，需要靠儿女提供住所、支付赡养费。过去父母完全依靠子女赡养的重要前提是多子女，但是随着目前"421"或"422"的家庭结构趋势，这样的赡养方式给儿女造成了很大的经济负担，同时也难以保证老人的生活质量。

（2）社会赡养。政府有限的财力主要针对有困难的老人，如"三无老人"。社会养老负担越来越重，

2013年,我国养老金的缺口将达到18.3万亿元。人口老龄化冲击下我国养老金的统筹账户将给财政造成巨大负担。中国目前的经济发展水平无法实现完全的社会养老。

(3)自养。城市老人多为有固定收入的离退休职工,这部分老人以自养为主。在大、中城市,越来越多的老人需要有依靠自己年轻时的积蓄来安度晚年的能力。尽管退休后的老年人收入逐渐下降,但是他们多数拥有自己的房产。

3. 老年住宅的开发模式及目标客户群
西方国家是国先富人后老,在人均GDP达3万元以后才步入老龄社会;中国国未富人先老,人均GDP只有3000元,就较早地步入了老龄社会。对此中国既无物质上的必要准备,更缺乏心理上的准备,从而突显了社会和家庭的养老压力。对于低收入社会保障性老年住宅,主要应由政府主导开发建设。而中高端养老住宅则应由市场,房地产开发解决。

中高端老年住宅的目标客户应定位以下三类消费人群:

(1)拥有高收入的中年人
(2)年轻时财富积累丰富的退休老人
(3)以及有住房但有改善居住条件、养老条件愿望的老人

对于第一类潜在消费群,他们的主要目的是为给父母购房养老,并且等老人去世以后可以自己使用居住;而第二类人群为富裕的老人,他们有条件多处置业,所以对前两类人群以出售房屋所有权为主。对于第三类人群,吸引他们购买老年住宅的是,住区内具备集中完善且又有针对性的助老服务,所以产品的开发、策划、定位要能准确地把握客户需求。

4. 老年住宅的潜在商业价值与银龄产业
(1)住宅的耐久性为"以房养老"提供了物质基础
家庭生命周期与住宅寿命周期的不一致为"以房养老"提供了可能性。
(2)使用权和所有权分离为老年住宅提供了更大的价值利用空间
从国外发展经验看,由于中高收入老年人具有较高的财富积累和消费能力,老年住区相关的医疗、保健、保险、文化、社交、学习、娱乐、休闲、旅游等活动,具有很高的潜在产业商机,这一行业领域统称为银龄产业。

5. 购买力、消费水平分析
目标人群的购买能力

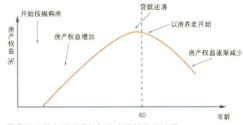

图2 以房养老模式贷款与房产权益动态关系

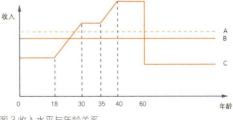

图3 收入水平与年龄关系

据北京大学《市场与人口分析》报道：城市老年人收入水平：截至目前，全国离退休干部已超过6000万人，每年老年人的离退休金、再就业收入、亲朋好友的资助大概可以达到3000~4000亿，预计到2025和2050年，老年人的潜在市场购买力分别达到14000亿和50000亿。众多养老观念已发生明显改变的60~70岁的老人，将会在社会养老模式由福利型向产业型过渡的过程中，对老年住宅的市场提供强有力的支撑。

二、国外老年住宅开发经验

1. 美国模式：美国养老主要依靠的是市场以及年轻及中年时期的高收入来贷款购买大房子，在年老时出售或以转按揭的形式进行转让、出售所有权，从而获得现金，以购买较小的老年住宅，颐养晚年。而对于高端客户，则形成专业化老年社区。

太阳城中心（Sun City Center）是美国较大的老年社区之一，坐落在佛罗里达西海岸，位于坦帕和萨拉苏达之间。太阳城中心从1961年开始开发建设，从一开始就规划成为佛罗里达乃至全美最好的老年社区。社区内设计建造了各种户型以适应不同类型老年人的要求。整个社区内拥有"太阳城中心"（独立家庭别墅）、"国王之殿"（连体别墅）、"湖中之塔"（辅助照料式住宅和家庭护理机构）、"庭院"、"阿斯顿花园"（出租的独立居住公寓）和"自由广场"（辅助照料式住宅和家庭护理机构）六大居住社区，并且共同享用邮局、超市、医疗机构、银行和教堂。连体别墅中每套价位从9万美元到20万美元不等，并且还可以选择全部、部分或者不需要公共维护保养的住宅。

社区有专为老年人考虑的建筑规划。小区内实现无障碍设计：如无障碍步行道，无障碍防滑坡道，低按键、高插座设置，社区住宅以低层建筑为主。

美国太阳城中心

同时，社区内的空间导向性被强调：对方位感、交通的安全性、道路的可达性均做了安排，实施严格的人车分流。有报道说，老年社区中的老年人比美国平均人口寿命高10岁。

2. 欧盟模式：以社会养老为主，子女不承担赡养老人的责任，养老主要由年轻时工作期间交纳的养老金来承担，西方国家高度发达的经济水平和长久以来完善的社会保障福利体系，为社会养老提供了基础。然而，西方高标准的社会养老也使习惯了高福利生活的人们很难将福利水平降下来，因此，老龄化也造成了很大的社会负担。近年来欧盟国家出现了新的趋势：鼓励家居养老。

在德国我参与过不少老年住宅区的开发设计工作，国外在此类建筑设计过程中非常注重整体的规划和人性化细节设计，从平面布局到构造细节，注重老年人的使用特点、安全性、耐久性。瑞典是世界上社会福利和公共保障系统最完善的国家之一，瑞典老年住宅的开发也有多年的历史和成功的经验值得借鉴。

相比之下，中国拥有千年的"尊老敬老"传统美德，子女在经济条件允许的情况下愿意为父母提供更好的养老环境，希望老人老有所乐，并得到良好的照顾。独生子女夫妇在子女较少的状况下也会促使老年人更多地依赖社区服务，从而选择一种全新的养老方式。同时，随着老年人消费观念的

德国 Ahlen 市老年社区

转变，他们希望自己能在有生之年，尤其是晚年有较高的生活质量，这一系列因素的演变，为养老房产的开发提供了更多的商业空间。

三、老人住宅产品分类与特点

老年住宅可以有多种模式和多种投资主体，并且各种模式之间，还有一定的交叉。概括起来，中国未来老年住宅开发有以下五种模式：

新建适老化通用住宅(Altengerechte Wohnungen)；
新建住区中开发部分老年住宅；
专门老年社区；
老年公寓；
养老院，敬老院。

1. 新建适老化通用住宅

适老化通用住宅是指在住宅开始设计和建造过程中通过潜伏性设计，把老年人的各种需要考虑进去，贯彻老年住宅的必要技术措施，使得居住者一旦变老，在各方面体力、体能衰弱的情况下，能及时地根据需要增加必要的设施和设备，来提高老年人的自主和自理能力，让老年人自己能够照顾自己。适老化住宅的主要消费群为尚未进入老年而具有购买能力的中、青年人。

特点：
至少可以使用 40 年以上，即所谓的长效住宅；
可以满足所有居住者的需求，无论是年轻人还是老年人；
投入少量资金，增加必要的设施和设备，就可以适应改变的需求。

市场空间：
为楼盘增加亮点，做有责任的开发商；
满足父母与子女为邻的消费心理；
可以满足老年人愿意在熟悉环境中的生活需要。

2. 新建住区中开发部分老年住宅

新建住区中开发部分老年住宅，有三种形式：
（1）在住区中开发 1~2 栋老年住宅；
（2）部分楼栋选择个别单元作为老年住宅；
（3）"两代居"形式的老年住宅。

3. 老年社区

老年社区是以老年人为主要服务对象，符合老年人生理和心理特征，成片开发、建设的老年住宅楼栋的集合体，其配置有老年人辅助设施，并应具备一定的城市功能或配套机能。老年住宅的目标消费人群应定位于拥有高收入的中年人，富有的老人，以及有改善居住条件、养老条件愿望的离退休老人。

特点：
老年人占主体地位，以老年人为主的住区，居家养老；
提供完善集中且有针对性地助老、护理服务；
其中有 2~3 栋以租赁形式经营的老年公寓。

市场空间：
住宅开发有特色，有针对性，区别于普通住宅，有一定的公益意义；
成片开发，满足老人不愿脱离社会群体的心理；
住宅的营销模式可以采用销售所有权和使用权两种形式，有利于部分资金的回笼和循环。

4. 老年公寓
国外主要指城市中为老年人居住而开发建设的公寓式产品，居住在这里的老年人通常在一定程度上生活能够自理。老年公寓能为中高经济实力的老年人提供个性化的居住条件和人性化的服务内容。

5. 养老院、敬老院
主要是由国家投资兴建的带有公益性质的老年居住设施，用来收养无经济来源的孤寡老人和低收入家庭送养的老人，提供一定范围的医疗护理服务设施。

这五种产品中住宅适老化课题是所有目前房地产开发项目当中都应该重视的环节，其无论是从社会意义到客户需求以及产品卖点上都具有非常重要的意义。

老年社区的开发，是规模化地产开发的新领域和发展的新重点。

四、适合于中国的老年住区的开发模式

1. 老年社区的开发要注重市场化特点

老年社区是一种专供老年人居住的专用居住社区，是一种居家养老与社区服务相结合的模式。

由于老年社区属于新兴事物，它是老年人社会化养老和社会化投资并企业化经营的房地产开发的混合体，有关部门在政策制定和操作方面相对滞后，所以一般开发商在税费减免、金融支持等方面得不到相应的优惠，对于具有社会化养老性质的老年社区，开发商需要完全按照市场条件解决项目立项、项目审批、资金筹措等一系列问题。老年社区运营需应遵循市场规律，走"福利性事业、市场化经营"的道路。

老年社区项目相对于一般房地产项目而言，其投资额大、资金回收期长。老年社区项目不同于一般房地产项目，它不仅包括住宅本身，还包括许多服务配套项目，并且在设施、设备规划设计、安装方面都要结合老年人的特点，总体造价要比普通房地产项目高出许多。

老年社区的租售方式比一般住宅更为复杂，一般住宅是通过住宅销售来实现房地产开发的最终目的，而老年社区则需要根据老年人市场需求的多种形式，采取租、售结合的方式来满足老年人入住，其中一定比例的住宅面积可以实现销售，另一部分须满足租用、度假等需求，并且公共服务设施更需要通过经营来实现收回投资，因此老年社区的运营模式需采取灵活多样的销售方式来保证其正常经营。

2. 老年住区开发需要多种产品组合

老年住区中的住宅可以实现多种形式并存，可接纳各种老年人群：花园式住宅、居家型住宅、连

排别墅、老年公寓并存，还可以设置养老院或者护理院，为需要特殊照顾的老年人提供服务，考虑公共文化设施建设，营造适宜老人居住的"小型社会"。其中以专门老年住宅和适老化通用住宅为主，适当分布高档别墅和2~3栋老年公寓。应具有适合现代老人需要的多功能住区特征，不仅适于居住，还应具有疗养、医疗、保健、学习、娱乐、交流、联谊、观光的特征。

3. 家庭式养老社区更适合中国国情
无论是老年住区还是老年公寓，都应采取家庭式的居住形式。居住单元可以是一房一厅、两房一厅，通过公共走道联系在一起，公共走道包含医疗保健、服务设施、庭院、公共服务机构管理。以家庭为主，而不是现今的老年公寓，几个老人合住一间，一人一床，便构成了老人的空间。

4. 注重社区公共空间建设
老年社区开发需要关注老年人的需求，包括园区公共空间，建筑内部空间，也可以考虑采用公共起居厅的形式。卧室、卫生间为单元型、家庭型，起居厅则建成公共式，两个、三个、四个家庭合用一个公共起居厅，这样能够增加老年人之间的接触、交流，从而形成比较好的大家庭氛围。

5. 高质量的服务提升住区品质
提高住区服务人员的素质，包括专业的护理知识和老年人心理关怀知识，聘请专业的物业管理公司对社区服务进行管理。可以将老年社区的服务职责与志愿者服务联系起来，提倡全社会的爱老敬老风尚。同时，志愿者中的专业人士可以定期的为老年人带来健康保健、心理咨询等方面的帮助。

6. 高水平、高质量的社区医疗保健服务将大大增加养老社区的吸引力

目前，国家正大力提倡、鼓励和推动社区医疗卫生建设，大量的资金投入和政策扶持将会使社区医疗保健的质量和水平得到很大提高。对于一个具备多种老年住宅模式，且有一定规模综合性的老年社区，拥有一家设施完善且侧重老年人医疗保健的社区医院是显得非常重要，可以与当地政府协商将附近社区医院移至住区内。

五、老年住区规划与设计

老年社区的规划设计，有别于一般居住区的设计，其需要考虑老年人的生理、心理特点，特别是无障碍设计和使用安全性问题，需规划设计的重点区域有：

园区室外环境；
单元公共空间；
起居室；
卫生间；
厨房

1. 园区室外环境
a. 住区要相对封闭，避免人员嘈杂和道路交通混乱；种植较大的树木，形成具有年代感的绿化空间，环境家具及装饰材料采用与城市居住环境类似的产品，创造认同感，创造出一种能满足老年人"安定感"的生活氛围。
b. 交通设计力求简洁，人车分流，减少步行通道和车行道的交叉。
c. 无障碍设施应无处不在，如路面防滑设计。
d. 细节处体现人文关怀：采用温暖、有亲和力的木材制作座椅，增加扶手和靠背。
e. 小区内设置公用卫生间，以方便老人在需要时就近如厕。
f. 专门的老年住区要注重"绿视率"的创造。

起居室及单元公共空间设计

g. 应具有专门针对老人的智能化硬件设备设施，如紧急电子呼叫系统、上门服务呼叫系统、电子门锁、摄像监控设施等。

2. 住宅单元公共空间设计

a. 相应的照明与标识系统。
b. 入口无障碍设施。
c. 高层住宅要设置担架上下的电梯等。
d. 地面要采用防滑设计，使用有防滑功能的粗涩石材和防滑等级地砖。

3. 起居室设计

a. 老人一天中大部分的时间是在起居室和阳台内度过，起居室的设计应满足老人多方面的生活需要。起居室内的采光面积要大，开启扇应保证一定的数量和面积，且布置位置应使气流均匀。老人需要晒太阳，并且不喜欢空调，所以保证起居室内的自然采光与通风非常重要。
b. 开窗大小和操作形式应注重老年人的用力极限和安全性。
c. 起居室的地面不应设置室内高差，如台阶、较陡的坡道等。
d. 在老人经常活动的区域设置墙边扶手，方便老人行走和适量的运动。

4. 卫生间设计

卫生间的设计应考虑空间尺寸的合理性，如卫浴设备的高度，地面防滑以及紧急呼叫装置等。

设计要点：

a. 淋浴间的尺寸应考虑老人洗澡时有方便坐下的空间，或可以放置小凳子的空间。
b. 调整卫浴设备的高度以适合老年人的需求。
c. 卫生洁具宜采用白色，并做好防滑处理，卫生间装饰颜色应以清淡、易清洁为主。
d. 卫生间内的暖气需要精心设计，做好防护且不能影响通行，安置在门后、墙壁上等较为隐蔽、安全的地方，以免老人被烫伤或碰伤。
e. 坐便器旁边应设置 L 形扶手及紧急呼叫装置。
f. 卫生间的灯光不宜过低，除洗脸池上方设置镜前灯外，坐便器的上方也宜设灯，便于检查老人的排泄物。

5. 厨房设计

厨房是为具备生活自理能力的老年人提供经常出入的居室空间，厨房的设计应考虑老年人活动的方便性，水池、炉具、橱柜等的位置应安排合理，减少老人在厨房内的活动量。另外，还应注意厨房设施的安全性。

设计要点：

a. 厨房的煤气具应选用可自动断气的安全装置。厨房应安装漏气检测器和火灾报警器。

b. 水池下部应留出老人轮椅的操作空间，水池和灶具应当邻近或呈 L 形布置，避免轮椅横向移动。

c. 厨房的吊柜以及操作台的高度设置应该根据老人的身高确定，800~850mm 高的地柜比较适合老人使用。中部柜的高度应在 1400~1600mm 之间，可放置调料、杯、盘、碗筷等常用物品。

d. 厨房的插座应不少于五处，电冰箱、抽油烟机、台面上的小电器各一处，吊柜和低柜内还应各预留一处。

六、发展与展望

在国外，老年住宅的开发与设计起步较早，已经积累了较丰富的经验，在德国具有完整的老年住宅设计规范，而部分欧盟国家也联合编制了《老年住宅设计导则》。在我国，未来老年住宅的开发与设计将逐步吸收国外的先进经验，并与国际接轨。

洲联集团（www5a）是中国市场上著名的设计机构，其在了解掌握国际最新的开发设计理念和专业技术的基础上，并具有国际和国内规划开发设计高品质住区以及老年社区的经验，在未来，中国老年社区的开发建设过程中，将能够为政府和开发企业提供国际水准的专业策划和规划设计服务。

欧洲《老年住宅设计导则》

北京北清路清华学子园养老社区规划设计

应对"居家养老"模式产品设计的探讨

文：崔鹏 \ 洲联集团

一、养老问题

1999 年，我国步入老龄化社会；2010 年全国第六次人口普查数据显示，60 岁及以上老人已达 1.78 亿，占总人口的 13.26%；到 2020 年前，老龄人口将有 2.48 亿，年均增长 700 万人，人口发展进入人口高龄化、社会少子化的新阶段；到 2051 年，60 岁以上人口将达到 4.37 亿，迎来重度老龄化社会，老龄人口稳定在 31% 左右，每三个人中就有一个是老者。

这些数据，直观地摆在每个国人的面前，一边是老龄化加速发展，人口基数大且快速增长，空巢家庭增多，需要照护的失能老人数量剧增；另一面是养老产业链尚未形成，养老床位严重不足，照料护理专业化程度低，国家政策落实不到位，行业规范、监管未形成标准。"老"是必然规律，40 年后，连现在刚参加工作的"80、90 后"，都将迈入老龄人群，那时的我们将如何养老？中国特色养老之路的建设，绝对是刻不容缓的问题。

二、居家养老

随着"银发浪潮"的到来，单纯家庭养老让家庭不堪重负，高水平的养老机构名额又有限。以社区为依托，家庭为核心的一种新型养老方式。"居家养老"成为解决中国老龄难题的合理取向。

《社会养老服务体系建设规划（2011~2015 年）》已由国务院批准，规划提出"社会养老服务体系建设应以居家为基础、社区为依托、机构为支撑……"各地已相应制定出"9073"方针，即 90% 的老年人健康状况较好，在社会化服务协助下通过家庭照顾居家养老，7% 年龄更大、身体不太好的老年人需要工作人员照顾，可通过购买社区照顾服务养老，3% 身体较差，长期没有人照顾的老年人需入住养老服务机构集中养老。

发展居家养老，是我国应对人口老龄化快速发展趋势的现实选择，虽然暴露出社会养老福利先天不足的尴尬，但也算是尊重"养儿防老"的民族

St.Martin 住宅护理院,德国,艾伦堡 / 业主:ctm Magdeburg

Bruneck 住宅护理院,意大利,布鲁尼克 / 业主:Wohn-und Pflegeheim Mittleres Pustertal

传统,考虑"未富先老"的经济发展现实的抉择。"居家养老"相对过去传统的"家庭养老"而言,一字之差,但却有着全新的含义。简单概括起来,它把社会化的为老服务引入家庭,是对传统的家庭养老模式的补充与创新。既有养护和医疗等健康服务;也有文化娱乐、情感慰藉等精神文化生活方面的服务;既有请老人到社区为老服务机构中享受多种服务,也有派专业服务人员走进家庭为失能、半失能老人提供的多种介护服务。

"居家养老"的提出,利用社会为老服务资源的同时,将对老人的照料分散在家庭内完成,符合我国当前的形势。然而,现在传统居住社区的功能,未必能发挥社区居家养老的最大效用。抛开"居家养老"的专业服务,仅从硬件配套上看,当前的居住社区设计标准已不能满足功能需要。在与老人的接触处中,越来越多的感触到现实与老人需求的反差。20世纪福利分房制度的小区,多为无电梯的多层,仅一个楼梯问题,就将多少老人禁锢家中;商品房时代的住区,都配了电梯,然而老人下得了楼,却找不到一个老人朋友可以说说话、聊聊天,找不到一片合适的空间可以做做操、唱唱戏。这仅是暴露出的众多问题中的冰山一角,这背后反映的现实是:住区居家养老,在服务软件跟上的同时,未来的住区设计中,要更多的考虑适老化配置,至少留有余地,为将来老龄化社会的到来,提供改造的可能。

三、老人特征

从老年人的需求出发,探索社区居家养老方式中设计能解决的问题，对提升老人生活的幸福感，构建和谐社会具有一定现实意义。在诸多的要素中，以下的三方面因素是老人的普遍需求，是不容忽视的，影响养老社区从策划选址、规划设计、销售及后期服务的房产开放全过程。

1. 老人的财务特点
我国虽然经济总量已处世界前列，然而人均生产总值世界排名还很靠后，多数老人家庭"未富先老"。而且当前老年人退休后，经济来源主要依靠积蓄和退休金，但是多数老人积蓄较少，且退休金有限，如要覆盖90%的老人居家养老，未来的适老化住宅的售价或租金要考虑到老人家庭经济承受能力。

在基础配套能跟上的前提下，养老住区离开市区，往郊外发展，往低总价发展是有利于养老事业的。如果政府能尽快落实、完善养老用地性质的土地供给，控制拿地成本；在城镇化大趋势下，基础配套设施健全完善；医疗福利制度实现异地报销；将"反向抵押贷款"引入我国，90%的数字必然不会停留在数字上。

2. 老人的生理特点
随着年龄增加，人体的生理机能必然会出现不同程度的退化，对新环境的适应能力也会随之减退。进入老年阶段后，最先衰退的往往是视觉和听觉，65岁以上老人的矫正视力平均不到0.7，俗称老花眼。应对视觉衰退的障碍可通过设计改善：例如电器设备采用大按键、标识牌采用醒目大字大图、提示灯用闪烁光源并伴随声音提示等，从而帮助老年人在居住环境中能便捷的完成更多自理。视力的减退只是一个方面，听力、嗅觉、力量、敏捷度等的下降是伴随整个老年阶段的。以上这些感觉的衰退已经给老人生活带了极大的不便，

更麻烦的是神经系统的退化，突出的表现是健忘、经常忘记钥匙、眼镜放在哪儿，这就要求设计能多采用开敞化的台面，一旦忘了东西，找起来也容易。

3. 老人的心理特点
伴随生理及外部环境的变化，老人的心理也会发生改变，例如适应能力下降、退休后的失落感、孤独感等，乐观老人会主动参加团体活动、户外活动。对于不够主动的老人，在设计中可多创造些老人发生"偶遇"的机会，这样的动线交汇可在候梯厅、单元大堂、散步步道、活动广场等。将散步动线与社区活动室、歌舞广场设计成串联形式，即使几次老人经过时不加入活动，时间长了，接触频繁了，自然会参与其中。另外，老人居住户型设计中要考虑到子女来探望的可能，为一家人团聚在一起提供便利和舒适，这样的设计创造了代际间的频繁沟通，利于家庭和睦、幸福，消除老人的孤独感及对子女的思念。

虽然老人机能逐渐衰退，但对于尊重的渴求是不会变的。尤其是他人和自己以前轻易能做到的事情，现在没办法独立完成，会让老人产生差别感和屈辱感。应对这些，设计中应该注重平等性，

Bruneck 住宅护理院，意大利，布鲁尼克 /
业主：Wohn-und Pflegeheim Mittleres Pustertal

例如零高差的出入口，自动感应门，就不会让很多老人在门口困难重重，需人帮助。又例如，只是简单的将标识字体放大，多几处设置提示标牌，以直接的图例或文字让老人清晰理解，减少询问，增加其安全感和自信。

四、规划层面

我国步入老龄化社会已 13 载，至今依然没有较为系统的养老社区规划建设标准或者技术措施。开展老龄事业较早的发达国家对养老社区或养老住宅都有详尽的建筑标准，行业规范层面我们国家很落后，我国现行的老年建筑规范都是考虑最普遍的无障碍要求，没有详细地针对养老社区和养老住宅进行专门讲解。

在同行业的交流中，普遍感到对于养老社区的规划无从下手，应该做到什么标准能算是养老住区，与普通住区的本质区别有哪些。开发商的任务要求的更是五花八门：有计算床位指标的（养老住区的套型住宅在服务功能上与养老院、医院还是不同的），有的要在山里开发低密度养老概念的（周边没有城市配套，不建医疗配套，最多算是个度假疗养功能社区）。大部分都说要做最高端的，国际先进、国内一流等等，最终连 20% 的自持都没有，一看就是挂羊头卖狗肉的圈地项目。

因为养老社区根据经营模式、选址、规模、使用人群、产品类型等的不同，细分起来有很多，这里仅从老年人需求的角度出发，概括总结一些满足"居家养老"社区的通用原则，探讨老人在社区中最迫切的需求。

首先要让老人有安全感，这肯定是基于普通社区防灾防盗之上的，最主要的还是医疗急救：距抢救医疗机构不超过 5 公里，理论上会在 15 分钟内送上救护车，但 15 分钟是超过医学上 4 分钟的黄金抢救时间的。最让老人觉得安全的方式是其身上有个终端，在发生意外时会触动，社区内的急救护理人员在 4 分钟内能赶到，以此推算，去掉上楼和延误时间，半径 500m 的距离设置一个急救点较合适，整个社区至少有一班 24 小时候诊的医师。

对于护理的组团规模，应该小于普通居住组团。健康老人社区组团大概是 500~1000 人 / 护理站，普通居住组团是 1000~3000 人；需护理老人组团应该是 150~300 人 / 护理站，如果组团人数太多的话，护工很难对每个老人健康状况都了解，服务起来舒适细腻程度都不高。除去医疗的需要，让老人时时都能安心的还包括全社区精细的无障碍设施，将意外的发生降到最低。

以上是安全层面的需求，还包括生理层面的。例如在规划中，老年居室要满足 3 小时日照、规避噪声污染、光污染等。老年人的舒适行走距离是 150m，为鼓励老人多在室外散步活动，可在绿地步道中每隔 150m 结合树荫、花池设置坐凳，同时考虑公厕设置，照顾老年人内急的需要。

室外活动场地也是养老社区必不可少的组成，除设置在老人经常能到达的地方还要考虑到以下几点：一是服务半径，健康老人步行的最大距离约在 800m 左右，即使社区外的活动广场也应临近居民区，以 700~1000m 为服务半径规划。二是务实使用；场地设计中固然要有漂亮的景观，但切忌为追求形象需要，挖掉地面铺装换上草坪，再插上"游人禁止入内，违者重罚"的警示牌。老人需要的是主要供跳舞、唱歌、练太极、下棋等的铺装广场，绿化不一定是大片的草地。三是功能分区：一大片活动场地满足所有老人的需求不太现实,需要将大面积化整为零,分散到社区内。大场地当然就是供集体活动,空间要开敞,有足够的面积,开放式的,且平坦防滑,还要有供趣味相投的三五个人一起活动,一般在10m²左右,且相对独立性,但不宜封闭的小空间,坐息空间以停坐休息为主,如晒太阳、聊天、读书、听广播等,设计中应创造"人看人,人看物"的视野范围,成为观察社会生活的观望点,使老人感觉到在参与社会。四是容易辨别,设计师热衷于制造步移景异的效果,蜿蜒曲折富于变化,但由于老年人的视力及记忆力减弱,方向判断力差,所以活动场地方向及位置应容易辨别,在道路转角处、出入口处安排标志物,如建筑小品、雕塑等地面标志。

五、户型层面

对于"居家养老",规划层面解决的是社区的公共为老服务急救、介护、娱乐活动等,能否覆盖社区老年人生活。然而老人在户外的时间是有限的,每天超过2/3,甚至全天时间是在家庭内度过的,套型内部空间、功能能否方便老人独自生活,方便子女的照料,或满足护工对失能老人的介护服务,这些户型层面的问题,才是居家养老的核心,是养老社区有别于传统居住社区的最显著特点。

养老套型在设计上不但要考虑老年人的生理、心理需求,还要考虑老人的持续照料能否实现。老人在入住社区时可能是健康老人,可以自理,此时对于住宅的要求不高,规避些高差、做些防滑处理等简单适老化设施即可;多年后老人健康状况下降,有可能行动不便,走路要扶靠,如厕后需要借助扶手才能站起来,更多的适老化设计加入,老人依然可以自理;再几年,老人可能需要坐轮椅生活,虽然需要介助照料,但是如果居室设计中考虑了轮椅的使用,老人在家里还是可以便利地生活;最后几年,老人完全失能,卧床需要子女或护工全天介护时,护工在适老住宅中,可以方便的护理老人生活,老人晚年得到最大的舒适度。户型的适老化设计,尽力延长老人自理生活的时间,一方面延缓衰老,另一方面也解放子女,便利地照顾老人,使家庭和谐幸福。

户型的适老化设计在业内已有较多的研究,在此无须赘言了,依然从老年人的需求出发,以几个细部设计为例,探讨下户型设计中适老化的重要性。

1. 开启门

门这个日常生活中每天都会接触到的物件,一开一合看似没什么,可对于行动不便的老人有时甚至难以逾越。随着年龄的增加,老人的力量、灵活性都发生退化,推门没大问题,拉门的时候需要倒退,对于需要拄拐杖或坐轮椅的老人就比较困难,如果换成推拉门问题就迎刃而解了(如下图)。

另外,门的设计还要考虑到把手、玻璃观察窗、防撞板、推拉门轨道等细节。

2. 阳台

由于身心特征的变化,老人外出的概率相对较低,很多行动不便的老人更是足不出户。但从保持健康的角度,是需要晒晒太阳、呼吸新鲜空气、活动身体、看看外面的世界以及种花种草的。良好的阳台空间就可以满足老人这些需求,对于延缓衰老、保持老人身心健康有着重要的意义。阳台在兼具传统洗晒功能的同时,也要满足老人活动及种植的需要。

3. 视线沟通

St. Josefshaus 护理院，德国，法兰克福 /
业主：Katharina-Kapser GmbH

De Venloene 护理中心，荷兰 /
业主：WSG, Geertruidenberg+Stichting MaasDuinen, Kaatsheuvel

居室内造成老人安全感低的原因之一是担心突然发病时无法自救，家人或护理人员看不到无法及时施救。因此，在老年住宅设计中除在老人身上安装呼叫终端外，还需通过套型内空间的设计增强视线的沟通，让家人或护工及时发现老人的需要及反常举动。老人常活动的区域，如餐厅、起居室宜开敞式设计，其他空间尽量设置窗洞、半透明玻璃等。

每一个人都经历过童年，我们还会抚养自己的子女，甚至再去带自己的孙辈。对于儿童的需求有了第二次的体验和印象，甚至第三次。对于儿童的关爱，因为我们亲身经历过，能很好的设计。但是对于老年的体验来讲，大部分关注养老产业，正在从事设计的同仁其实都没有经历，都没有切身的感受。老人需要什么？如果有这种体会，可能也是来自于抚养自己父母的间接感受。因为还没有经历过老年，我们没能从切身的角度深入的了解老人。不从老人的角度考虑，又怎能设计出便利、舒适的"居家养老"产品呢？唯有细心的分析老人身心特点，想象几十年后我们自己步入老年后的样子，才能将人性的设计贯彻进设计中。

儿童是社会的未来，老年必将是现在我们身边的亲朋、伴侣、子女还有我们自己，每一个人所要面对的未来。看到未来严峻的养老形式，现在全社会、全产业链齐心努力，我们还来得及。

老龄护理社会化的新型老年公寓建设与设计研究的思考

文：刘东卫 \ 中国建筑标准设计研究院
　　秦姗 \ 中国建筑设计研究院
　　张婧 \ 中国建筑标准设计研究院

【摘 要】为了有效应对人口老龄化发展及老龄护理社会化的危机，满足自理老年人，尤其是介助老年人和介护老年人的特定需求，以适老居住——生活服务——医疗支援一体化模式的老年公寓作为新型的养老建筑类型应运而生。本文基于对新加坡以及中国香港等国内老年公寓实际项目的考察，以新型老年公寓为研究对象，分析了其老年公寓的发展现状和建设模式与特征，力求探索老龄化发展背景下新型老年公寓建设及其设计思路和方法。

【关键词】老龄护理社会化课题；新型老年公寓；适老居住——生活服务——医疗支援一体化模式；社会养老服务体系建设的可持续发展

一、人口老龄化发展及老龄护理社会化课题

1990年，全球60岁以上的老年人口已达5.9亿人，占当时世界总人口的10%，20世纪末全球已正式进入老龄化人口时期。人口老龄化是指老年人口在总人口中所占的比重不断提高的过程，联合国的"老龄化社会"标准是，当一个国家或地区65岁以上的老年人口占总人口的比例超过7%，或者60岁及60岁以上的老年人口占人口的比例超过10%。

人口老龄化发展水平一般分为3级，一是老龄化社会（超过7%~14%以下）；二是老龄社会（超过14%~21%以下）；三是超老龄社会（超过21%）。世界发达国家的人口老龄化水平在未来几十年内将进一步加重，2010年日本的老龄化率为23.1%，日本与意大利更是将在21世纪中叶进入"三人有一老"的超老龄社会。发展中国家的老龄化问题更不容忽视，预计到21世纪中叶，世界老年人口将达15亿，其中3/4生活在发展中国家，1/4在中国。在国际上，随着人口老龄化发展，日益加剧的人口老龄化的护理问题成为全世界共同面临的挑战。我国于1999年进入老龄社会，2008年我国60岁以上老年人口已超过1.49亿，占总人口的11%以上；截至2011年底，中国60岁及以上老年人口已达1.85亿人，占总人口的13.7%。预计到2013年底中国老年

位于葡萄牙的某老年人日间看护中心，葡萄牙 / 业主：TNS

人口总数将超过 2 亿；未来 20 年是中国老年人口增长最快的时期，2033 年前后将翻番到 4 亿，平均每年增加 1000 万人口，老龄化形势严峻。

我国老年人以身体机能和护理程度通常分为 3 类，一是自理老年人，即日常生活行为完全自理，不依赖他人护理的老年人；二是介助老年人，即日常生活行为依赖扶手、拐杖、轮椅和升降等设施帮助的老年人；三是介护老年人，即日常生活行为依赖他人护理的老年人。在我国经济发展水平较低，老龄化程度高的情况下，应考虑把有限的资源用于老年人及其家属最急需解决的护理困难上。根据国内一些地区的调查，老年人及其家属在护理上最需要社会帮助的阶段，是当老年人长期卧床不起或精神严重衰退，需要提供全天候的基本生活照料的时候。现在我国一些服务质量较好、但床位紧张的养老机构，也是收养这些需重度护理老年人的类型。老年人家属在登记床位后往往要等候很长的一段时期，才能有把老年人送进养老机构入住的机会。在我国，鼓励家庭护理且大力发展社区上门照料服务，主要目的是为了解决面广量大的基本生活部分不能自理的需轻度和中度护理老年人的照料问题，尽可能让这些老年人居家养老，但是，仅依靠社区上门照料服务或雇民间钟点保姆是难以满足这种需求的。因此，在 21 世纪上半叶我国应重点发展收养需要重度护理老年人的机构，增加其护理床位数量。

我国的人口老龄化具有老年人口规模庞大、老龄化发展速度快等特点，政府投入不足、民间投资规模有限，特别是老年人口的老龄、失能和空巢化将进一步加剧应对人口老龄化的相关老龄护理社会化课题的严峻性。2013 年，中国 2 亿老年人口中 65 岁及以上老龄人口接近 10%，中国城乡失能和半失能老年人约占老年人口总数的 20%。老年医疗与护理服务内容将是未来的重点工作，目前老年康复和护理还存在非常多的问题，急需增加老年护理床位和建立护理体系方面的重点工作。当前中国社会养老服务体系造成社区养老服务和养老机构床位严重不足，难以提供照料护理和医疗康复等多方面服务，成为全社会关注的热点课题。未来我国为了有效应对人口老龄化发展及老龄护理社会化的危机，满足自理老年人，尤其是介助老年人和介护老年人的特定需求、以适老居住 - 生活服务 - 医疗支援一体化模式的老年公寓作为新型的养老建筑类型将会成为养老产业发展必然的选择。

二、新加坡护理型老年公寓的建设模式及案例分析

1. 新加坡老年公寓发展现状

新加坡人口约 500 万，其中老年人口比例约为 8%，建立完善的养老机构和服务是新加坡政府的重要工作，经过数十年的积累和发展，新加坡在养老机构设置与老年公寓建设方面形成了独具特色的区域模式。新加坡的老年公寓主要建屋发展局投资建设的乐龄公寓项目。新加坡建屋发展局从 1998 年 3 月开始推出小型的"乐龄公寓"，至今已推出约 3400 个单位。"乐龄公寓"是专门为

60岁以上老年人设计的住宅，以满足老龄化人口的需求。这类项目产权30年，到期后使用者可延长10年，不可转售，在不想拥有乐龄公寓或屋主去世的情况下，必须卖回给建屋局，当局按屋价比例退还余款。

新加坡老年公寓的成功推行并不单是规划、设计的结果。新加坡政府提出了鲜明的养老政策和手段，各种养老机构对自身的社会分工有着明确的角色定位，配套设施通过半官方机构、营利机构和慈善机构等渠道介入到不同人群的不同养老需求。政府多渠道筹资增建老年公寓，在社区普遍设立综合诊疗所，为更多的国民解决居家养老难题。

2. 新加坡老年公寓案例——碧山金茉莉老年公寓
碧山金茉莉老年公寓的入住对象为55岁以上的自理、介助老年人，供给形式为出售。

碧山金茉莉老年公寓是新加坡建屋发展局投资建设并于2006年推销的首次让老年人以预购方式购买的乐龄公寓项目。该项目是新加坡养老服务体系中解决老年人居住的一个样板，"金茉莉老年公寓模式"已成为新加坡解决"老有所居"问题的重要渠道。

该老年公寓共16层，176个单位。其套型是新加坡建屋局推行的两种标准套型——35平方米和45平方米，为一位或两位乐龄人士提供居住生活空间。该项目着重推行老年住户与普通住户的混居及无障碍设施的建设。老年人的房间在每层与普通住宅混合设置，使老年人更加容易融入社区，同时避免社区内过多老年人集中生活引发的负面影响。该项目中的老年住宅着重于住宅精细化和无障碍设计，其中走廊、卫生间等重要功能空间

均设有扶手，便于老年人使用。每户都在厨房、卫生间、卧室和客厅设有报警装置，方便老年人遇险时紧急呼救。

金茉莉老年公寓配套建设是与政府联办的宜康养生中心，该中心隶属于新加坡最大的康复疗养经营机构——宜康医疗保健公司，是新加坡第一个由政府委托私人企业机构经营管理的社区养老服务项目。老年公寓的老年人是养生中心的自然会员，社区其他居民每年缴纳5新元成为会员，也可以享受服务。中心设有针灸与中医药门诊，配备专业医师团队，专门为金茉莉老年公寓及附近的居民提供医疗保健等服务。同时，该中心还承担"社区活动厅"功能，设有社区活动厅、阅读角等，既为居住在老年人公寓内的社区居民提供交流娱乐平台，又是社区附近居民——特别是老年居民日常活动场所。另外，宜康医疗保健中心与疗养院是宜康医疗保健公司旗下的又一专业康复服务机构，共设置159个床位，专为失去自理能力的老年人提供高质量的医疗康复护理服务。

三、香港护理型老年公寓的建设模式及案例分析

1. 香港老年公寓发展现状

早在20世纪70年代，香港就进入了老龄社会。据香港政府统计，截至2010年，65岁以上人口占香港总人口比例达12.2%，预计到2030年，65岁以上老年人口将占总人口的1/4。老龄人口的剧增，对香港社会保障和老年福利体系造成了巨大压力。

香港在老年福利服务体系中建立社区支援服务，在充分考虑到老年人各方面需求的基础上提供具体服务内容，包括长者中心服务、长者社区照顾服务和其他支援服务等，这些服务几乎涵盖了居家老年人生活的全方面，从而形成具有香港地区特色的新型居家养老服务体系。

香港新型居家养老服务已经形成一种"三方合作"的服务供给模式，即"政府——商界——第三部门"的三方合作机制。商界在老年福利领域发挥了不可替代的作用，市场提供了许多直接的老年人福利服务，弥补了政府和非营利组织能力的局限。

香港房屋协会于1996年进行的调查显示，中等收入老年人对专为其设计的房屋需求甚殷，为此推出"长者安居乐住屋计划"。为了满足老年人的住房需求，香港房屋委员会和香港房屋协会分别推出了差异化的编配政策和住屋计划，并为老年人提供不同类型的公共房屋，其中房屋协会提供集中、独立建设的老年公寓。香港的老年公寓从老年人活动中心、老年人日间照料中心等设施建设，到家务助理服务及社区医疗服务等都较为完善。

2. 香港老年公寓案例——彩颐居老年公寓

彩颐居老年公寓的入住对象为60岁以上的自理、介助和介护老年人，供给形式为出租和出售。

彩颐居老年公寓是由香港圣公会福利协会和香港房屋协会共同策划和运营的"长者安居乐"计划中的一个"综合化一站式"老年公寓项目。以终身租住形式，为60岁及以上老年人提供集居住、医疗护理及康乐设施于一身的"一站式"住屋。长者只需缴付20多万至60多万获取"租住权"，便可长期居住，之后无须交租。根据"长者安居乐"计划，彩颐居实现了"居所融合生活支援"及"终身租住"两个概念，为老年人提供个别关怀、全面照顾的住宅服务，达到让居住在这里的老年人颐养天年的目的。彩颐居老年公寓是一个功能相对比较齐全的一站式的养老居所，无论从设计、设施、配套和服务都考虑到老年人的需要，而且能同时满足独立居住到全护理的不同阶段的

要求。彩颐居的经营上并没有包揽所有经营服务，而是联合圣公会福利协会等社会福利机构共同向住户提供所需。这样一方面专业化程度更高，另一方面也减轻自身的经营和管理压力。

该项目位于香港中心区，完工于2004年，项目由香港房屋协会开发，香港政府划拨土地。项目规划和设计既保证了项目内设施的便利、全面，同时将这些配套设施进行竖向分区设置，从而有效实现了老年居住建筑与基础服务设施的一体化建设。项目由两栋相连的塔楼组成，其中地下4层，地上24层，地下四层用于设备房及停车场，地上一至四层分别用于配套服务用房及长者之家护理房间，五至二十六层（不设十四层及二十四层）提供单间及一房单位，总共333个单元，分开放式（独居者套型约24平方米）及一房一厅（夫妇套型约36平方米）。该居住空间适老化设施齐备，设有双向式浴室门、防滑地砖、电暖灯和扶手等，并通过仔细的精细化设计，使其内部空间尽可能符合老年人的生活习惯，使其居住生活更加便利。

项目真正实现了老年居住建筑与设施的一体化建设，彩颐居的"长者安居乐住屋计划"现由香港圣公会福利协会负责运营，设有不同形式种类的会所设施，如游泳池、按摩池、健身中心、图书馆、多用途礼堂、多功能活动室、工艺陶瓷室等。医疗护理服务设施主要由57床的长者之家养护床位、日间护理中心和医疗诊所三部分构成。医疗诊所提供中西医疗门诊、牙科及美容等服务；日间复康中心，提供个别关怀和复康运动，提供心理健康教育，辅导及康乐活动；三层的57个护理房间，提供暂住及长期住宿服务，按需要分1人、2人、4人或6人房，按不同的护理需要，提供

基本套型	
建筑外观	

24 小时护理服务。楼内诊所医生提供每日巡房服务，紧贴顾客健康状况，价格按顾客不同护理程度及房间不同而定。

四、国内护理型老年公寓的建设模式及案例分析

1. 国内老年公寓发展现状

伴随着老龄化发展，西方发达国家的老年公寓已基本成熟定型，尤其是服务与护理相结合类型的老年公寓，以适用于不同年龄段和健康状况的老年人医疗护理需求为其典型特色。与新加坡、中国香港等较成熟的老年公寓建设体系不同，我国内地老年公寓现阶段仍属于稀缺建筑类型，相关项目建设无论在政策、理论上，还是在规划、设计上，都是刚刚起步。国内的养老项目多数都是追随和模仿国外的成功项目，但也有一些具有远见卓识的地产企业开始了自己的探索。

总的来说，我国有关老年公寓规划、设计和建设方面的资料很少，说明这一领域的工作尚处于初步研究和待开发阶段。老年公寓类型单一，除极少数的护理型机构设施外，多为服务类型的老年公寓。

2. 国内老年公寓案例——绿城·蓝庭颐养公寓

绿城·蓝庭颐养公寓的入住对象为自理、介助和介护老年人，供给形式为出租和出售。

绿城·蓝庭颐养公寓就是浙江绿城集团于 2010 年依托于其楼盘——绿城·蓝庭全新打造的一个社区居家型养老住宅，即在大型社区内部规划独立的老年公寓，是绿城"园区生活服务体系"首个试验点。蓝庭颐养公寓既作为园区生活服务体系强化配套，是绿城集团首个在郊区大盘内配备的、集适老居住-生活服务-医疗支援一体化的老年公寓。

绿城·蓝庭颐养公寓位于社区东南角，项目 10 层高，分全护理型套型和居家型套型两种。三、四楼的全护理型套型总计 30 套，由绿城医院经营，只供出租，主要供服务于介助和介护老年人，可以得到全方位的医疗生活护理。五至十层居家型套型总计 86 套，则为面向包括健康老年人在内的居家型公寓，套型面积为 60~70 平方米左右，每套总价在 100~130 万不等。

绿城·蓝庭颐养公寓兼颐养、休闲、医疗、娱乐等多种功能，一层为健康中心、社区医院及园区食堂，二层为老年活动中心及食堂。医疗护理主要配建有健康服务中心、社区诊所（含全科诊室、

输液室、治疗室、化验室、针灸推拿室、理疗室、心电B超室、牙科诊室、康复中心等）、护理型洗浴中心。文体活动中心，包含读书阅览室、茶室、棋牌室、沙弧球室、台球乒乓球健身等，以及蓝庭老年大学。

五、社会养老服务体系可持续发展的新型老年公寓建设的展望

随着我国人口老龄化和老年人口高龄化进程的加快，各级政府和社会各界正在关注介助和介护老年人养老课题。当前，除了各级政府加大了新建和改扩建养老机构的投入，一些房地产开发商也在积极着手建设准备中，特别是政府相关部门明确规定了一系列扶持优惠政策后，预计在近几年内我国各类养老机构和老年公寓将会有较快的发展。

"持续照顾"是20世纪90年代国际社会针对长期以来各种老年照料服务机构和项目相互分割，使得老年人在健康状况和生活自理能力逐步下降的过程不断变更养老场所的状况而提出的新理念。它的含义是尽可能使需要不同程度照料的老年人能长期居住在熟悉的环境中，获得良好的照顾服务。在许多发达国家及一些经济发展水平较高的国家或地区，长期以来功能分得过细并互相独立自成系统。近年来国际社会根据大部分老年人，无论居住在家中或养老机构中，都希望在健康状况和自理能力变化时，依然可以在熟悉的环

境中继续居住的愿望，提出了政府应制定鼓励及帮助老年人在其熟悉的居住环境中得到持续照顾的政策措施。

近年来我国很多地区建立了一批老年公寓，现在不少地区还在规划新建老年公寓，从老年公寓本身的功能定位来看是收住基本生活能自理的老年人，而且在一般情况下每个老年人或老夫妇俩都有一室或一室一厅的独立房间。然而，目前我国新型老年公寓功能定位不明，未来急需根据我国的实际状况及海外的经验，在将其区分为不同护理等级的基础上，从我国社会养老服务体系可持续发展的新型老年公寓建设出发，重点发展介助和介护老年人的新型老年公寓及其床位。按照"持续照顾"的理念，应在养老机构或老年公寓按功能进行分类的基础上，以尽可能使老年人减少搬迁养老场所的新思路来规划发展21世纪上半叶我国的养老机构或新型老年公寓。

目前，我国因人口老龄化带来的老龄护理社会化的危机问题日益突出，现有的养老建筑显然难以满足需求，以"持续照顾"的新理念，为介助和介护老年人提供和谐、完善的养老设施和新型老年公寓已成为社会各界的新目标。通过对国内外新型老年公寓的调查和分析研究，我国人口老龄化发展及老龄护理社会化背景下的新型老年公寓建设应注重一下几个方面：第一，应调动全社会力量和资源，多渠道多层次地发展老年福利设施，同时充分挖掘和利用现有的社会资源为老年人提供各方面的服务；第二，充分考虑老年人的"持续照顾"需求，发展独立型和社区型老年公寓，立足社区满足面向居家养老的需求；第三，通过新型老年公寓的建设为老年人提供全面医疗护理服务，为老年人提供良好的医疗护理设施；第四，政府在政策层面上应对新型老年公寓建设予以更大的支持，制定发展社区并纳入社会养老服务体系规划中，在资金投放、税费优惠等方面应向老年公寓或养老设施倾斜。总之，我们应坚持以人为本的原则，深入考虑老年人特殊的生理和心理需求，创造出易于使用、易于到达、易于控制、易于交往的无障碍空间环境，真正实现"老有所养、老有所为、老有所乐"的养老目的，让老年人拥有一个健康长寿、和谐幸福的晚年。

适用于不同年龄段和健康状况的，满足自理老年人，尤其是介助老年人和介护老年人的特定需求。集适老居住——生活服务——医疗支援一体化的专业化新型老年公寓养老模式将成为解决我国老龄护理社会化课题既推动中国社会养老服务体系发展的一个极好选择，也具有广阔的发展前景。学习借鉴新型老年公寓建设模式和经验，建立具有我国特色的新型养老服务体系，对于积极应对人口老龄化问题，完善可持续发展的老龄化社会保障体系具有重要意义。

参考文献

[1] 桂世勋.合理调整养老机构的功能结构[J].华东师范大学学报（哲学社会科学版），2001,33(4)：65~67
[2] 陈洁君.国内外养老模式的比较与借鉴[J].经济与社会发展，2006(4)：68~70
[3] 高丽敏.国外应对人口老龄化的政策实践及对我国的启示:基于医疗保障视角的分析.中国卫生经济[J],2009(4)：11~13
[4] 老年住区建设的模式和相关标准[M].北京：中国城市出版社，2012

客户需求如何驱动养老地产开发

文：洲联集团·五合智库

第六次全国人口普查显示，我国60岁以上老年人口比例达到13.31%，比10年前上升2.93%，老龄化进程有所加快。而截至2012年底，全国每千位老人养老床位数仅为19.5张。老年人居住需求与实际供应之间的巨大差距，使老年住宅已然成为部分投资机构在房地产业淘金的新试验田。吸引到这个领域的，不仅有传统开发商、保险机构，还有原本的养老院、医院等服务机构，部分外资老年服务机构也进入养老地产市场。投资者对养老地产关注点众多，包括赢利模式、政策、回报周期等，但是最影响养老地产开发模式与赢利持续性的是目标客户细分，对目标客户的深入研究将决定养老地产能否开发成功。

一、标客户决定养老地产开发模式

目标客户差异主要影响老年住宅产品的选择，以及其居住模式、社区组织、规模、服务配置等等。由于客户对象的多样性，养老地产开发模式并不唯一，选择何种商业模式取决于目标客户特征与项目发展目标。养老地产核心产品是老年住宅，所有商业模式均应服务于提高老年人居住水平，提升老年人在居住之外的娱乐、就医、护理、餐饮、疗养质量。卖房模式、出租模式、会员卡模式都不是养老地产开发争议的重点，在目前的房地产业及其制度环境中，依据客户对象而选择的经营模式，均有其合理性。

五合智库最近在部分一二线城市作了一项关于高收入老年人群体居住需求调查。在未告知具体居住模式情况下，七成左右调查对象倾向于以租赁的方式入住老年住宅，虽然选择租赁的占了大多数，但是居住类型选择则没有如此集中，老年公寓、专门的老年住宅与适老化住宅社区三者各有千秋，彼此差异并不明显。从客户需求来看，则持作长期租赁的老年住宅更有市场，不过如果考虑到房地产开发的机会成本与利润率，则出售型的老年住宅也是必需。除居住类型外，开发模式差异更体现在服务配置上。服务是老年住宅的重中之重，地域、年龄、健康、收入水平不同，对服务需求、层次要求也不同，并影响养老地产的开发定位。

图1 老年人对不同居住类型选择差异

二、地区差异对老年群体需求的影响

老龄化程度差异影响不同地区养老地产市场潜力。据第六次人口普查结果显示，上海、北京并不是国内老龄化压力最大的地区，按常住人口计算，65岁以上老年人口比例最高的是重庆，前十大省区中重庆与广东省相差近5%，可见老龄化压力最大的是作为人口输出地的欠发达地区。老龄化指标怎么反映养老地产市场潜力呢？首先是居住观念不同，一线城市老年人独立居住意愿更强；其次，老龄化压力小的城市养老金平均水平更高，助推老年人支付水平提高，因此越是经济发达地区养老地产市场潜力愈大，高质量的老年服务社区将率先在这些地区诞生。

收入、理财观念差异影响产品与服务选择。上海、南京地区老年人在保险与理财意识上有显著差异。上海地区高收入老年人拥有理财收入的比例更高，而南京地区在商业保险与社会保险方面则有更大的比例。此外，南京地区拥有大病医疗保险的比例也更高。商业保险部分地决定了老年生活质量，拥有商业保险的老年人接受专业服务，比如租赁、入住老年公寓的意愿更强，其支付意

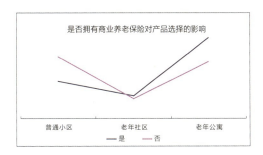

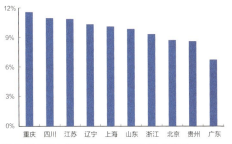

图2 65岁以上老年人口比例最高的10个省区

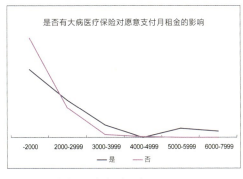

图3 是否拥有商业保险对需求影响

愿也明显提高。这是考虑在不同城市开发养老地产的一个参考指标。

目前国内养老地产开发还没有成熟的产品体系，但是地域性特征已有所反映。吸收国外老年住宅产业服务经验的优质养老社区已开始出现在上海、北京等发达地区，如亲和源社区、万科幸福汇等，均有明确的目标客户定位，而亲和源在安徽、辽宁等地合作开发的项目更加符合当地目标客户需求与房地产购买习惯。其上海地区项目则以租赁或会员卡模式经营，提供的服务层次、深度也是最高的。

三、年龄与健康差异应成为养老地产定位的首要考虑因素

年龄差异反映老年人情感偏好，并关系到健康水平。调查显示，超七成65岁以下老人愿意独立居住，但是在80岁以上老人中则有近六成希望与子女同住。高龄老人情感上更加依赖子女亲戚，而现阶段养老机构低劣的服务形象使得高龄老人更希望与子女住在一起，依赖子女照顾其生活起居。如果针对高龄老人开发老年住宅，则其市场开发成本、服务成本显著提高。毫无疑问高龄老年人居住市场是存在的，但是需要植入更多的服务，对护工素质、服务质量、应变能力要求更高。尽管某些项目约定只面向60岁以上老年人，对目标客户年龄与健康水平选择并不直接以年龄或健康程度作为依据，而是提供与年龄、健康挂钩的不同的服务体系，当然价格与居住合同也不同，目标客户会根据自己的健康状况合理选择，从而实现合适的年龄与健康定位。目前的养老机构也有不同价位的护理服务可供选择，这是对健康定位的一个方面，但是服务层次的差异性并不显著，更关键的是这种定位差异并没有在产品分区设置中得到体现。一锅粥式的管理只能制约服务水平的提升，也不能吸引有效客户，造成收入与成本的不匹配。

四、老年住宅设计以目标客户需求为基础

影响老年人产品选择的因素主要是年龄与健康差异，阶层、收入、受教育水平等差异也部分影响老年人居住方式，但是并不如年龄与健康因素那样显著，部分极端高收入群体能够对高端服务支付更高对价，只会形成小众市场。老年人对住宅

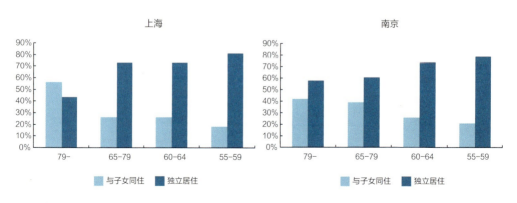

图4 上海、南京两地不同年龄段老年人独立居住意愿

建筑、户型、面积、各类设施、设计因素等关注度是老年住宅产品设计的出发点。

多层建筑是老年住宅产品首选。超九成老年人希望住多层住宅，理想的老年住宅应配置电梯，这也是老年人身体条件所决定。相比普通多层住宅，更多老年人希望居住3层以下公寓，需要指出的是，这区别于别墅类别墅产品，建筑设计以合理实用为目标，并不追求豪华。出于成本与售价考虑，老年住宅可考虑12层以下电梯公寓及3层不带电梯公寓两类产品，极少考虑高层公寓与别墅。

老年住宅户型面积不宜过大。从实用角度与老年需求出发，老年住宅应控制户型面积。在我们调查的老年人群体中，上海地区有七成老人希望使用面积在20~50平方米之间，南京地区则有七成希望使用面积在20~70平方米之间。因此在户型设计上也较少考虑两房以上，近六成只需要带浴室的单人间或双人间，其次为一居室套间。

对建筑设计与室内设施的关注。老年人对住宅设计最为关注的依次为朝向、房型与无障碍设施，对面积关注度并不高。这考验设计师的建筑平面设计水平。对于室内设施，浴室、暖气空调、有线电视、厨房关注度都在30%以上，符合老年人生活与生理特点。这两项因素说明，老年住宅对精细化设计、设施可靠性要求更高，相比普通住宅，其建筑成本与物业维护成本也更高，工期可能也更长。开发老年住宅必须注意这种差异。

老年住宅选址有讲究。养老地产选址并非一刀切，在高收入老年人中市区与郊区项目都有市场，不过偏好市区项目的比例更高一点，达到60%。如果选址郊区，则需要配套医疗、购物、娱乐等服

图5 美国老年社区均重视建筑设计

务，开发成本急剧上升，其包办一切的特征决定只有少数高端项目适合在郊区。从客户群体来看，年龄、收入、健康状况对选址偏好无显著影响，但是针对有老年人的家庭客户则更适合在市区。总体来说，在远离城区的地方更适合开发高端的、具有度假或疗养功能的项目，且需具有交通便利、环境良好，有特殊风景或资源优势的区域，如景区、湖边、山林、温泉等。

五、服务需求影响老年住宅开发

养老地产区别于传统房地产项目的地方在于服务特殊性，可以说养老地产等于地产加老年服务。老年人不愿意入住养老院最首要原因就是对养老院服务不满意，目前市场上的老年住宅项目不能吸引到老年客户的原因也多是服务质量不能满足需求。老年客户对于医疗、生活起居、娱乐、旅行、精神关怀等服务有不同层次需求，对于不同的客户应对服务分级。

医疗服务应根据客户需求细分。医疗是老年人最为关注的服务配套，但是因医疗服务配套成本不菲，并不是所有的养老地产项目都需要配置医院或医疗服务。对于以低龄健康老年人为目标客户的项目只需要有快速的医疗响应能力，比如与三

甲医院建立紧密联系，或者定期上门体检。社区医院也可满足老年住宅配套需求。更进一步地，如针对生活不能完全自理，或健康欠佳客户，可以提供生活照护，或者给药、注射等专业医疗护理服务。大型高端项目可考虑建设独立的医院或疗养中心，但是必须对成本、价格进行测算，对目标客户需求进行调查。国内养老地产项目在医疗服务配置方面考虑还不够周全，定位不够细致，多数认为建设一所医院或疗养中心就能解决问题，但是医院的运营成本是个难题，在提供社区医疗服务的清单方面还有可以改进的地方，当然医疗服务政策障碍还有待解除。

关注精神关怀与休闲娱乐服务。老年人娱乐与精神需求同样不可忽视，调查表明，老年人在居住环境中的社交需求不亚于年轻人，对于住宅中公共活动空间、公共厨房表现出超乎寻常的关注。老年住宅需要配置活动室、花园等公共空间，建筑设计上应通过公共走道将各个房间连接起来并向一个公共区域引导，有条件的可以每楼层设置一间公共厨房。老年人会在一起分享电影、阅读、太极、球类等休闲活动，公共活动与文化设施可以考虑设置影音室、图书室、健身房、网吧等，满足老年人文化与娱乐消费需求。美国规模最大的老年社区太阳城，在 30 年建设过程中逐渐建立了 7 个娱乐中心，深受老年客户欢迎，太阳城也成为全美最有活力的老年社区，房价也居于可供销售的老年住宅之冠。

六、CCRC 社区模式满足终身服务需求

以 CCRC 社区为例。美国主要的老年住宅有活跃长者社区、老年公寓、独立生活住宅、生活辅助住宅、护理住宅、CCRC 社区等六类，服务差异是这些产品的区别所在，并导致居住模式、商业模式的不同。CCRC 社区往往涵盖前 5 类产品，从老年公寓到护理住宅服务逐渐升级，老年公寓与独立生活住宅只提供日常生活服务，后三者则包含了专业的医疗护理服务，且护理人员需要执照，服务质量受严格监管。CCRC 社区优点是老年人可以随着年龄与健康程度变化在社区内部转换住处。国内 CCRC 社区开发应借鉴其产品与服务分区模式，独立生活的住宅区、生活医疗护理住宅区、疗养区、临终关怀区应分开设置，且避免彼此之间的影响。独立生活区与生活医疗护理区分开设置更为关键，因两者服务成本有较大差异，提供有差别的合同及分开居住有利于更有针

图 6 美国典型老年社区内的护理服务

图 7 美国 Brookdale 老年社区运营商位于加州圣荷西的一处 CCRC 社区

对性地吸引客户,并提高服务水平。上海亲和源社区是国内较为成功的 CCRC 社区,项目内包含老年公寓、颐养院与医院,配套设施也较为完善,但是其老年公寓经营仍有改善空间,改变目前提供统一的上门体检、生活服务模式,改为按照服务级别分开,并差别定价,进一步提高收益。

七、销售与定价模式取决于目标客户

养老地产的赢利模式曾是业界最大的争议点,也是开发商比较困惑之处。到底是销售模式、租赁模式、还是会员卡模式?取决于目标客户及其服务需求。养老地产的核心是老年住宅与老年服务,并没有统一的商业模式。

以销售为主的老年住宅有三种模式:即在住宅项目中开发一栋老年公寓,配套老年疗养中心,或者配置几家老年服务机构,这样的住宅社区包含了老年人所需的服务,如果产品按照老年人身体条件来设计,则具备了老年社区的条件。这是养老地产的销售模式,适合带有老年人的家庭客户与活跃健康的老年人,如北京万科幸福汇就是这种模式。

租赁模式并不适合大规模养老地产开发。全美 CCRC 社区 90% 以上不超过 500 个居住单位,平均规模仅在 300 左右,因服务辐射范围有限,纯老年社区规模不宜过大,上海亲和源应达到了老年住宅的规模上限,其较高的建筑层数影响了老年客户生活品质的提升。倾向租赁老年公寓的客户一般具有高收入、高学历、比较活跃的特点,比较能接受专业服务,支付能力与意愿也高于平均水平。从资产配置角度来看,租赁模式的养老地产适合资产管理机构、保险机构等寻求长期资产配置的投资者。

会员制模式是度假经营与养老地产的结合。国内首倡会员制的上海亲和源社区是将美国 CCRC 社区中入门费模式在国内的一种变通,但是由于受国内政策限制,这种以出售使用权为基础的模式其实行不通,实际上接受购买使用权的老年人也在少数。目前的会员制模式实际上是给予入住或者购买老年住宅客户享受专有服务、价格折扣、异地度假的权利,因客户对象不同,会员权益也大相径庭。目前部分项目推出的异地养老、度假会员制模式是养老地产经营的一种创新,其余则更像是概念炒作。

养老地产定价困境。赢利能力低下是投资者在养老地产门外踌躇不前的主要原因。根据我们的调查,以上海为例,即使在月收入 4000 元以上的高收入老年人中,只有不到一成愿意支付每月 3000 元以上的租金,能够接受每月 2000 元以上护理费的也只有三成。相对于老年住宅建设与运营成本的提升,这个支付水平制约了养老地产的赢利能力。但是与商业地产及普通住宅租金比较,考虑到老年住宅只需要较小的面积,其赢利是可以保证的。只不过由于开发销售商品房的机会成本,开发商并不愿意去持有老年住宅。

定价难题也正说明老年住宅目标客户定位的重要性,应针对不同客户提供不同的产品与服务,给出不同定价,这种模式能将老年服务业的高利润反映在产品定价中,形成金字塔式的客户结构,而收入则是倒金字塔结构。养老地产开发的营利难题在于服务配置与客户定位而不是商业模式,至于脱离老年服务去解决所谓养老地产开发问题,则不是本文所讨论的话题。

养老社区配套医院建筑的规划设计

文：苏黎明 / 洲联集团 · 五合国际 · 医疗健康产业事业部

随着中国逐渐步入老龄化国家，一对独生子女夫妇赡养 4 位老人已经不再遥远。老龄社会就在我们有生之年到来了。根据联合国预测，21 世纪上半叶，中国将一直是世界上老年人口最多的国家。在这样的大背景下，我国社会各界对于发展老年事业的必要性和迫切性有了广泛的共识。"养老"一下子成为社会关注度最高、波及范围最广的热点话题！

2011 年 2 月，民政部发布《社会养老服务体系建设"十二五"规划》，即"9073"的养老引导方针：90% 的老年人在社会化服务协助下通过家庭照料养老，7% 的老年人通过购买社区照顾服务养老，3% 的老年人入住养老服务机构集中养老。其中第三类"机构养老"是指由养老机构为老年人提供饮食起居、清洁卫生、生活护理、健康管理和文体娱乐活动等综合性服务的养老机构。可以是独立的法人机构，也可以是附属于医疗机构、企事业单位、社会团体或组织、综合性社会福利机构的一个部门或者分支机构。具体形式为老年社会福利院、养老院、老年公寓等。

近年来，我国养老服务业正在加快发展，以居家为基础、社区为依托、机构为支撑的养老服务体系也在逐步完善建立。中国的健康养老地产业也正面临着需求空前增长的黄金机遇期。

打造"医、护、养、休"为一体的新型养老地产养老项目中，医疗配套是基石。打造"医、护、养、休"为一体的新型养老地产"医"的功能是必不可少的。其中的老人们均离不开医疗机构的服务与支持。

按老人的生活自理能力可分为：
1. 自理型；
2. 半自理型；

3. 特殊护理型。
老人与医疗机构的关系：
1. 自理型老人；——需要定期健康体检、健康咨询，日常小病治疗；
2. 半自理型老人；——需要定期健康体检、康复训练、疾病治疗；
3. 特殊护理型老人；——需要全方位的医疗护理、紧急抢救。

和医疗照护区别开来。这就要按照年龄、身体状况对老人进行健康测定。健康的老人更看重的是养老项目的生活质量，他们需要外出购物、文化活动、探亲访友，同时也方便亲人和朋友进行探望。对于这一部分老人，养老机构可对于老人进行定期体检，看看小病，有应对突发情况的急救治疗设备就可以了。对于需要照护性服务的老人，医院的资源慢慢地介入，医院的功能将更为重要。因此，医疗是养老的核心。由于老人的身体变化非常快，今天还很健康的老人，明天可能就需要看护了。而且，我们要留意一个最新的预测数据，那就是2015年失能老人的数量可能达到3500万，因此，医疗是养老项目的前提，而且规模越大的养老项目，就越需要医疗的支撑。使老人感到居住在其中有安全保障，从而提升项目的核心竞争力。

目前，许多老年社区及养老院直接设在大型医院附近，医院开设老年病区，便于将生病的老人及时送往医院就诊，或是从医院接纳基本病愈但需长期护理至康复的老人。缩短住院时间（减少病人"压床"），减少医疗费用支出。有关研究表明65%的老人认为能否提供好的医疗服务是他们选择养老社区的关键。

医院是复合型养老产业中的重要组成部分。由于老人身体机能衰退速度较快，他们更看重养老项目的医疗条件，企业在做养老项目规划时，均会考虑建一所医院。总体布局以医院为中心，其他功能区依次在周边展开。

医疗设施的配套与养老项目的规模及老人的数量不同而有所区别。例如，规模较大的项目，尤其是位于城乡接合部、郊区甚至是远郊的项目，必须有配套的医院。如果是设在城区的养老项目，可以利用城市现有的医疗资源仅配备医护所、应急设备、救护车等即可。

配套医院的建设应符合当地城镇规划、区域卫生规划和环保评估的要求。目前建设的多为综合医院或以老年病学科为重点科室的"大专科，小综合"的老年病专科医院。

建设人性化的老年医院
医院建设的基地选择除应符合养老社区的总体规划外，还应符合：交通方便，宜面临两条城市道路（医院出入口不应少于二处，人员出入口不应兼作尸体和废弃物出口）；便于利用城市基础设施，便于院内部分服务的社会化；环境安静，远离污染源；不应污染、影响社区的其他区域；不应临近少年儿童活动密集场所的要求。

医院总体规划应在满足基本功能需要的同时，还应适当考虑未来发展。合理确定功能分区，医院各部门的建筑布局合理，科学地组织人流和物流，避免或减少交叉感染；根据不同地区的气象条件，使建筑物的朝向、间距、自然通风和院区绿化达到最佳程度，为患者提供良好的医疗环境，为员工提供良好的工作环境。

老年医院设计是自然科学与人文科学的结合，是光化学、建筑学、心理学、老年学、医学等多领域的跨学科研究。面对患者的老龄化，医院需要积极的应对策略。在规划布局、内部流线、护理康复设施、无障碍设计等方面，适应老年人疾病及生理、心理特点。老年医院的护理单元则是这种医疗建筑的核心空间，是老年患者停留时间最长的场所；老年患者的特殊性不仅在于其文化层次、身份背景、经济条件等方面，还在于老年患者与普通人群不同的心理状态和对环境有更直接、特殊的需求和依赖。目前，我国老年医院有待于从老年患者需求的角度给予人性化方面高度的关注，并区别于综合医院。其服务内容应包括诊治、护理、康复、急救、临终关怀等几个方面。

案例：近期完成的北方某养老社区中配套的老年病医院：

老年医院的必须到达二级医院以上的水平，核心是以老年人常见病为医治对象的医疗机构，医院主要功能科室包括：康复训练、各种医技科室、重症监护病房、手术部、临终关怀病房等。

老人常见的几大慢性病：

1. 高血压 55.9%；
2. 关节炎 51.2%；
3. 心脏病 30.4%；
4. 肿瘤 24.0%；
5. 糖尿病 20.5%；
6. 哮喘 11.3%
7. 气管及支气管炎 10.3%；
8. 中风 8.6%；
9. 抑郁症 13.7%；
10. 老年痴呆 6.0%。

因此，老年医院的住院部一般多以内科为主，外科为辅，与综合医院相比，科室分类较少（如：弱化产科、新生儿科）。但是，医技科室必不可少。老年病医院最好采用医疗中心制设计模式，即将院内的医护资源、科室设置以及医疗设备，按病种划分。当患者就诊时，可以在小范围内完成所患疾病的门诊、检查、取药、交费等所有环节，一方面避免了就医者的来回奔波，另一方面也便捷了医院管理。因为，老年人常见病种很可能是由多种原因引起的，单一的科室很难确诊，如果让老年患者在多个科室来回奔波，实在违背人性化设计的初衷，而设计为医疗中心制的诊疗方式就可以有效解决这个问题。

老年病区护理单元的主要特点：
1. 老年医院护理单元的规模最好在35张床位左右
因为老年患者大多患有多种疾病，并会出现一定的智能、感官、运动功能方面的障碍，需要更频繁和及时的医疗护理；而且老年病患者的一种疾病会表现出多种并发症状，即老年综合症的各种表现。因此，同一患者的治疗和护理往往涉及几个学科内容。多种疾病共存，对老年患者需要多巡视、勤观察、及时处置。

针对老年人害怕孤独，喜欢倾诉的特点，建议老年医院病房以双人间的形式为主，设少数单人间。根据我国目前的经济发展水平和医护人员的实际情况，老年医院护理单元的规模控制在30~35床较为合适，不应超过40床。这样可以较好地满足老年患者医疗护理的要求，有助于控制和减少交叉感染，提高医疗护理效能，又能达到卫生资源较好的利用。

老年医院的护士站都应该采用开敞式，护士站一般位于护理单元的中心位置，具有较佳的监护优势。在病房区和医生办公室之间，视觉上形成良好的导向和标志，观察患者活动及联系各病室都较方便。护士站到最远端病房的距离不宜超过30米。

2. 老年病房的人性化空间设计

内蒙古健康产业创新示范项目

内蒙古自治区国际蒙医医院

病房内的布置应具有家庭生活的气氛，家具、窗帘、床上被褥的配置应尽量贴近家庭生活，可以给老年患者以亲切、温馨的感觉。室内空间较大的病房可设置沙发、茶几等家具，供老年患者休息和交谈。

老年患者与家属、朋友等探视人员的接触在心理治疗方面有着不可替代的作用。因此，护理单元人性化设计中应当给来访的探视亲友提供明确的空间导向，使探视人员进入护理单元立刻就能明确目标的方位。有条件的还应考虑设置探视人员与老年患者交流谈话的私密性空间，此空间可与护理单元内的其他空间兼用，例如与活动室兼用的方式，并达到灵活分合，功能多样的空间效果。陪护往往是老年患者的精神支柱和重要依靠。因此，在需要陪护的老年患者病房中应当考虑陪护人员的生活和休息空间。

3. 自然采光和人工照明设计

老年患者对自然采光和人工照明的需求程度高于其他人群，病房除夜间照明和特殊检查必备的人工光源外，都应尽量自然采光，阳光中的紫外线可起到杀菌，净化室内空气的作用；尤其是冬季的阳光，会使老年患者感觉到温暖舒适。因此北方地区的老年病房应尽可能朝南，可为患者提供良好的自然采光和充足的日照，另外，老年患者应多晒太阳，可增加维生素D，延缓骨质老化，增强对疾病的抵抗力。病房在阴雨天、夜间应采用人工光源补足照明，可采用白炽灯作为照明光源，为避免强光源带来不适的刺激，可采用多组弱光源组合在一起的照明设计方案，且避免灯光直接向下照射，防止眼睛直接看到光源产生眩晕，尽量减少老年白内障患者的畏光表现；为方便老年患者的阅读和娱乐，床头应设置床头灯。

4. 自然通风和空调

老年患者新陈代谢功能较低，对温度的感觉比较敏感，对温度变化幅度的要求比较严格，适宜的温度会感到舒适，有利于老年患者的治疗康复。

尽可能采用自然通风，保持室内空气新鲜，降低空气中二氧化碳的浓度和微生物的密度，减少老年患者烦闷、倦怠头晕等症状，以提供舒适的环境。

5. 隔音降噪

老年人对噪声值的控制比其他人群要求更高，建筑设计上应对护理单元平面布局做好动、静分区，病房位置应尽量远离噪声源；并运用建筑材料和构造手段进行隔音降噪，病房的墙体、楼板应考虑防音隔震。门窗应采用隔声材料与消音构造，以减轻房间的噪音干扰，采用柔性地面，以减少走路时因地面引起的过大声响；椅、凳等活动家具触地部位加皮垫等；使病房内保证较好的安静程度。护士站工作台附近的侧墙壁可采用软质的吸声材料，降低护士或其他人员交流时对病房的影响，护理单元空间的其他声源，如电梯、空调、运输设备，管道系统等都应考虑消声设计。

6. 色彩与标识系统

由于每种色彩都有特定的电磁波长，通过人的视觉神经传输给大脑，促进腺体分泌激素，影响人的心理和生理活动，不同的色彩会给老年患者带来不同的心理和生理反应。老年医院的目标色彩状态应为舒适、温馨、柔和、淡雅的暖色系。例如：病房的天棚宜采用乳白色，以避免老年患者感到压抑，可对顶灯光线和自然光照进行漫反射，增加空间的亮度。病房的墙壁应选择高明度、浅色调的墙面色彩，如浅米黄色等，便于营造柔和、宁静的空间气氛。诊室、检查类房间的目标色彩应为放松、清爽的冷色系。

医院标识系统是利用文字、图案、符号、色彩等表现手法，传递导向信息和医疗信息。老年人的认知损伤降低了常用标志、提示手段的使用价值；因此，老年医院各处标识的设计应针对老年人视力、触觉等器官老化的特点，更具有易辨性。首先，指示标志的颜色要有明显的色差。老年人随着年龄的增加，视力不断衰退，黄色与白色不宜区分，蓝色与黑色有时也不易分辨；可采用黑底白字、绿底白字、蓝底白字等底色为暗色调，字色为亮色调的指示标志是较好的选择。其次，合理安排文字和图像标识的悬挂高度，大小及可视距离的相互关系。标识的正确安装高度应当接近或略低于人的视线高度，根据老年人的身高特点，标识安装高度在1.6m左右较为适宜，并且不宜选用突出墙面的悬挂标识；老年人的可视距离要比年轻人近很多，文字和图像标识应相对大一些。再次，可用图文标示来增强标示设计的效果。标识设计有时采用语言描述不如采用简单的图形，也可在地面上采用对比强烈的色彩设计起到引导作用。

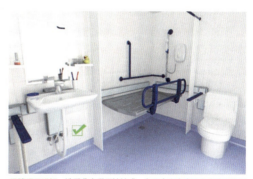

无障碍卫浴间：洗手盆宜采用挂墙式，台下净空高度不宜小于60CM

腾冲县人民医院

7. 医院的无障碍设计

医院的无障碍设计可以为老年患者提供一种便利的生活环境。公共走廊、房内通道、应确保足够的有效宽度，以便老年患者使用步行辅助用具或轮椅顺利通过。电梯是老年患者理想的垂直通行设施；为不同身体条件的老年患者能够方便地出入电梯，电梯门的关门速度和运行速度应比一般的电梯慢一些，电梯选用病床梯轿厢尺寸不小于1500×2400 mm，满足容纳病床的面积。楼梯作为重要交通空间，要考虑老年患者的使用要求，应采用直线梯段，楼梯的宽度应保证使用双拐的步行老人和正常人能对行通过。

地面应选用防滑的弹性材料，如实木地板或塑胶地板等，以利于老年患者不慎跌倒后不至于造成较大的伤害。外露的柱角宜装饰成圆形，墙体的角线、窗台、设备和家具的外缘等，都宜采用圆弧形或做倒角处理，去除外露的棱角，预防老年患者走路时意外碰撞并损伤。扶手是老年医院中应用最多的生活自助设施，其自助作用最明显，可使老年患者帮助保持身体平衡，稳定重心。走廊、台阶、楼梯两侧的扶手应该连续，最好与走廊扶手相连。卫生间淋浴间设助力拉杆，公共卫生间、病房、病房内卫生间均应设呼叫按钮，以便老年患者突发身体不适时紧急呼救，卫生间内洗浴应采用淋浴，并在墙上设置可折叠的凳子供老人洗澡时使用。

护士台高度应设高低不同两部分，除正常高度的部分外，局部应有符合无障碍低位服务的护士台，

秦皇岛市第一人民医院

高度宜为 0.75 米左右。以方便高度驼背老年患者和坐轮椅老年患者接近护士站。

目前，由于医护人员严重不足，许多医院采取了适当返聘身体较好的退休医护人员重返工作岗位的办法，一方面发挥了退休医护人员的技术专长、又满足了老有所为被社会所需要的精神追求。可适当缓解医护人员严重不足的现实矛盾。由于公立医院专业的医务人员整体素质较高，已取得了较好的社会效应。

老年病房在实际运行当中，由于老人们大多为慢性病以休养为主，可通过有关途径增加护工人员的配置，并根据实际情况适当降低床医比、床护比等指标（三级医院的床护比一般在 1 : 0.6；二级医院的一般在 1 : 0.4；二级以下不设比例）。2013 年 10 月 14 日国务院印发的《国务院关于促进健康服务业发展的若干意见》提出，放宽市场准入，简化康复医院、老年病医院等紧缺型医疗机构和连锁经营服务企业的审批、登记手续，放宽对营利性医院市场准入和配置大型设备的限制。简化对康复医院、老年病医院、护理院等紧缺型医疗机构的立项、开办、执业资格、医保定点等审批手续。研究取消不合理的前置审批事项。放宽对营利性医院的数量、规模、布局以及大型医用设备配置的限制。以上这些政策均对养老地产中医院的建设简化了手续，是利好的。

医院是人类赖以生存繁衍，经历生命全过程以及维护健康抵抗疾病的场所。医疗建筑与社会经济，科学文化以及医学的发展息息相关。因此，医院建筑的合理性，科学性尤为重要。沉淀 5000 年的中国传统文化以孝义构筑了中国道德体系的伦理基础，我们每一个人也都将会慢慢地老去，让全社会给予老年朋友们更多的关爱。让所有的老年朋友们都能享受到有先进医疗设施做保障的社会大家庭里，有尊严、快乐的安度晚年！

多代居住宅适老化设计探讨

文：周燕珉、龚梦雅 / 清华大学建筑学院

摘要：在老龄化严峻、城市化加速及房价高启的背景下，多代共同居住的需求增加，但当前市场中的套型并不能很好地满足这种需求。本文通过对日本两代居住宅设计经验进行归纳，结合调研总结出我国当前套型的设计误区，从空间布局及细部适应性设计两方面对多代居住宅适老化提出设计建议。

关键词：多代居住宅；适老化设计

多代居住宅的概念是从两代居引申而出的，指超过两代人，通常为老人、子女及孙子女共同居住在同一套住宅中，他们生活在上相互照顾，有一定的联系，同时在住宅中各代也都有相对独立的空间。

多代居住宅中需满足各代对独立性及代际交流的需求，对面积要求较高，因此多代居为集合住宅时，一般为包含三室或以上的套型，多代居也可能为"双拼"、"大平层"等更容易满足面积要求的低密度住宅。这两类多代居住宅的适老化考虑不同，本文主要对集合住宅中的多代居进行探讨。

一、多代居住宅产生的背景

我国传统观念重视亲情和孝道，一直以来多代同堂居住是普遍现象。随着经济发展和城市化进程的加快，核心家庭独立居住的比例越来越高，然而由于近年来老龄化速度急进，加之房价高涨及房屋限购等因素，很多老人需要与子女共同居住，城市中多代居现象增加。具体分析其原因主要可分为以下6点：

1. 老龄化形势严峻

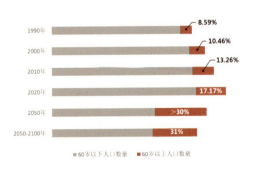

图1 我国老龄化水平发展与预测
（数据来源：1990年、2000年、2010年人口普查数据及《中国人口老龄化发展趋势预测研究报告》）

目前我国老年人口数量庞大。2013年我国老年人口数量达到2.02亿，老龄化水平也达到14.8%。同时据预测，我国老年人口规模在2050年之后将稳定在3~4亿，老龄化水平基本稳定在31%左右。在老龄化背景下，老年人的居住需求及对老年人的照顾成为亟待解决的问题。

2. 老人仍有与子女同住的养老的意愿
中国传统观念中老人主要依靠子女养老，尽管目前老人有足够的资金度过晚年，大部分家庭也更倾向于子女独立居住的状态，但老人仍有与子女同住养老的意愿。在"中国经济生活大调查2013-2014"对老人养老意愿的调查中，大多数老人愿意在年老需要家人照顾时，选择与子女同住，以便子女提供帮助、护理照料等。多代共同居住意愿比例的增加，使得市场对多代居住宅产生较大的需求。

3. 老人帮助照看孙子女
年轻人工作繁忙，对幼小孩子的照顾成为较大的问题。这时年轻人的父母可能刚步入老年阶段，身体健康程度较好，愿意也有能力帮助子女照看孩子。为了照顾方便，老人往往选择与子女同住。这种居住模式和关系也需要多代居住宅的支撑。

4. 大城市"两地婚姻"现象带来大量潜在的异地养老人群
"两地婚姻"指双方中有一方或两方均为外来人口的婚姻。目前步入婚育期的人群多为"80后独生子女"一代，而他们的父母也正步入老年行列，面临养老问题。这些老人部分选择跟随子女到大城市中养老，而在大城市房价高涨及房屋限购的情况下，一般家庭很难为老人单独购买一套住宅，因而异地养老人群更有可能选择与子女同住。

根据高颖在《从"两地婚姻"看大城市的潜在人口问题》的研究中对北京市民政局信息数据库所记录的2004~2012年北京市婚姻登记信息数据的统计分析，可以看到"两地婚姻"现象在北京十分普遍，初婚夫妇中有近60%为此情况，保守估算潜在进京养老人口为105万人。由此可见，异地养老人群对多代居的需求不容小觑。

5. 高房价推动两代共同购房现象
80后独生子女一代进入婚育期后，大部分人希望离开父母独立购买新住房，然而在房价急剧上升的背景下，部分80后需要依靠父母帮助缴纳住宅的首付或大部分款项才能购房，两代家庭共同购房的现象逐渐增多。

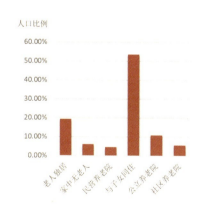

图2 老人养老意愿
（数据来源：中国经济生活大调查2013-2014）
中国社会科学院.中国老龄事业发展报告(2013)，2013全国老龄工作委员会办公室.中国人口老龄化发展趋势预测研究报告，2006

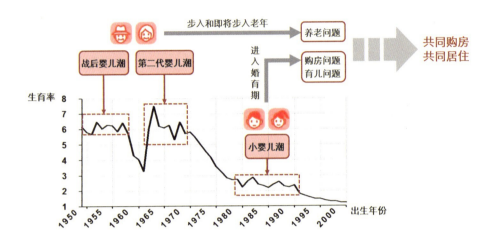

图3 80后与父母共同购房关系示意（图片来源：作者自绘）

与此同时，80后的父母也在这一时期逐渐步入老年，受中国传统观念和独生子女政策的影响，很多家庭问题如育儿、养老等都需要两代家庭同心协力一起完成，因此选择两代共同居住、相互扶持的家庭比例越来越高。

6. 房屋限购等政策使得购买第二套住房困难
在房价高涨的背景下，部分家庭在初次购房时选择了中小套型，随着家中孩子的出生、老人搬入同住，家庭中居住人数发生变化，现有住宅的空间布局及大小可能已经不能满足需求，若经济条件允许，部分家庭会考虑购买第二套住宅，但"限购令"及"提高第二套及第三套住房的贷款首付比例及利率"等政策使得购买第二套住房更加困难，大部分家庭仍需在同一套住房中共同居住。在这样的背景下，同一套房如何满足变化的居住需求成为新的议题。

综上所述，在老龄化严峻、"两地婚姻"趋势增长、高房价、房屋限购等背景下，多代共同居住的比例正在不断增长，未来对多代居的需求也会保持在较高水平。然而，目前市场中并未很好地设计出适应这种需求的套型。开发商主要关注套内居住空间的数量，同时由于住宅设计周期短，设计者多数为年轻人，缺少对老人生活的了解，导致套型设计偏向模式化，大部分套型在空间布局及细节设计上不适合老人及多代人共同居住。

二、日本两代居住宅发展背景及设计理念

日本两代居住宅指老人一代与子女一代共同居住的住宅，其中子女一代中除包含子女外，也包含还未成年的孙子女，因此日本两代居的居住模式与我国多代居住宅相似。

日本社会进入老龄化早、经济发展进程快，又因为日本与我国也有着相近的文化背景，重视亲情和孝道，两代居住宅已出现了较长时间，特别是对住宅中代际关系及细节设计研究深入，这些经验值得我们了解学习，下面将对其两代居发展背景及设计经验进行总结介绍，希望为我国多代居住宅的设计提供一定的参考。

日本在1970年初步入老龄化社会，到2013年时老龄化率已经达到25.1%，同时随着战后生育高峰期出生的一代人即将达到65岁，老年人口数量大幅增加。除此之外，随着日本老年人平均寿命的增长，日本社会的高龄化问题十分严重，到2012年为止，75岁以上的高龄老人占老年人口的47%，接近一半。

在高龄化的同时，日本的少子化现象也十分严峻，长期以来的低生育率已导致劳动力不足，社会对老人的照顾能力有限，为了减少护理老人对劳动力的需求，近年来多代共同居住的比例开始逐渐增长。

1. 日本两代居住宅发展背景
（1）社会高龄少子化

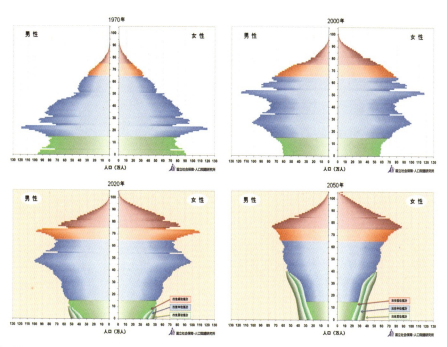

图4 1920-2010年：国势调查、推计人口、2011年以来 图片来源：日本的将来推计人口（平成24年1月推计）

（2）土地资源紧张，住宅建设费用高
日本战后经济高速发展，城市化进程加快。1960年左右，大量年轻人涌进城市并在城市中定居，而他们的父母仍留在家乡，这时城市中的家庭模式不再是传统的大家庭，而逐渐转向核心家庭的状态。当在城市中定居的第一代人群进入老龄阶段，子女成人进入独立期，需要离开父母时，城市中的土地资源已经在不断发展的过程中越来越少，加上高昂的住宅建设费用，导致子女难以独自购买新住宅，因而越来越多的年轻人不得不与父母合住，打破了核心家庭为主流的状态，城市中家庭再次转向多代共居模式。

（3）女性思想观念的转变
传统日本女性中，结婚或生育后离开工作岗位成为全职家庭主妇的比例较高。随着社会经济疲软及女性社会地位的提高，这种状态有所转变。根据日本厚生劳动省的调查结果，可了解到从1980年到2010年，全职家庭主妇比例由35.1%降低至16.4%，同时夫妇共同工作的比例由17.4%增至20.8%（如图5所示）。夫妇共同工作后对孩子的照顾成为主要问题，部分夫妇会请老人来帮助，为了方便照看，一般家庭会选择共同居住，因此多代居家庭逐渐增多。

2. 空间设计注重家庭代际关系
日本两代居住宅在空间设计上注重家庭代际关系，希望通过建筑设计减少家庭代际间的矛盾、体现对老年人的尊重，因此在空间布局上一方面保证两代都有相对独立的生活空间，同时注意创造代际间共处交流的空间。

（1）保证多代之间的独立私密需求
日本两代居住宅中重视各代对私密性的需求。在传统2~3层独立住宅的基础上，两代居住宅在空间布局时一般将老人空间安排在首层，子女及孙子女的空间布置在上层，通过分层的方式使老人与子女辈都有较完整的生活功能区，从而在两代人邻近居住的同时保证了各自的独立私密性。

不同家庭中老人与子女辈对空间的分离程度要求有所不同，如老人与儿子、儿媳同住时对私密性的要求较高，而老人与女儿同住时两代之间的交流联系更多，根据不同的分离要求，日本两代居住宅的空间关系从独立到融合分为以下三种类型：

①独立型两代居。在一栋住宅中将各代的所有居住功能空间均分开独立设置，如一层为老人使用空间，子女的空间全部位于二层，并设置单独的楼梯供子女使用。

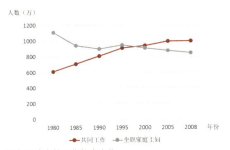

图5 日本女性工作状态变化
（数据来源：くらしノベーミョン研究所．ヘーベルハウスの二世帯百科．東京：旭化成ホームズ株式会社，2010.）

中国社会科学院．中国老龄事业发展报告(2013)，2013全国老龄工作委员会办公室．中国人口老龄化发展趋势预测研究报告，2006
从"两地婚姻"看大城市的潜在人口问题，高颖，北京师范大学社会发展与公共政策学院
日本统务省统计局．人口推计（平成25年(2013年)10月確定值），2013
日本総務省統計局．人口推計（全国：年齢（各歳），男女別人口・都道府県：年齢（5歳階級），男女別人口），2012

图 6 独立型两代居（图片来源：二世帯住宅研究所．ヘーベルハウス住宅百科全書）

②半分离型两代居。两代共用门厅及浴室，其他空间单独设置。

图 7 半分离型两代居（图片来源：二世帯住宅研究所．ヘーベルハウス住宅百科全書）

③融合型两代居。两代的门厅、起居、餐厅、浴室空间均为共用，卧室、厨房及卫生间独用。

日本两代居住宅能根据不同家庭对分离程度的不同需求及经济条件的不同，在空间设计上保证两代人可相互帮助，融洽地生活。

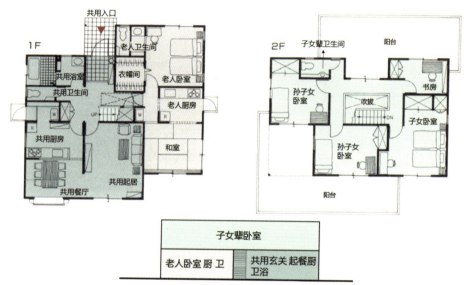

图8 融合型两代居（图片来源：二世带住宅研究所．ヘーベルハウス住宅百科全書）

（2）需照护老人的卧室与家庭主要活动空间邻近布置

需要照料的卧床老人往往希望与家人有更多的交流来减少孤独感。日本两代居在空间布局时多将需照护老人的卧室与家庭起居空间邻近布置，同时在老人卧室与起居室之间采用推拉门相隔，需要时可将推拉门打开，使老人卧室与起居空间有较好的视线联系，方便家人在起居活动的同时照顾老人。

部分两代居中还将老人卧室与厨房等家务空间相邻布置，使家人在进行家务劳动时，可以随时照看到卧床老人。

图 9 老人卧室邻近起居空间布置
（图片来源：左图：旭化成株式会社．ヘーベルハウス総合カタログ
右图：くらしノベーミョン研究所．ヘーベルハウスの二世帯百科）

3. 使住宅适应老年人身体变化的需求

日本两代居住宅设计除了注重满足各代对空间私密性的需求外，更关注老人使用空间的便利性与安全性。

如图 10 所示，日本的研究根据老人身体情况的变化，将老人的年龄分为三个阶段。第一个阶段，老人刚步入老年，身体健康。第二个阶段为老人 80 岁左右，处在这个阶段的老人身体灵活性下降，空间需要保证他们活动的安全便利。第三个阶段为老人达到 95 岁高龄后，这个阶段内大部分老人已经卧病在床、需要长期护理，老人对空间除了安全便利性的要求外，还增加了与家人交流的需求。

针对老人在不同年龄阶段需求的变化，日本两代居住宅在初期设计及后期改造中分别有所应对。例如初期设计时在老人卧室邻近的储藏间等空间中预留管线，从而方便日后增设卫生间，满足需护理老人就近使用卫生间的要求。另外，在老人身体变化的过程中，也会不断对两代居进行改造，如在入口处增设坡道、扩大门及走廊的宽度等，保证老人行动不便或使用轮椅后仍能安全便利地使用住宅空间。

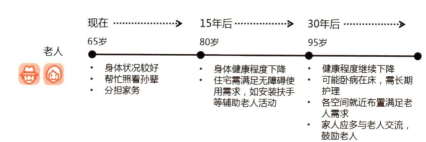

图 10 老人年龄变化过程中身体及需求的变化
（图片来源：根据《ヘーベルハウスの二世帯百科》自绘）

三、我国多代居住宅设计中常见问题

相比较日本，我国对亲情孝道的观念更为重视，同时受到老龄化、高房价的影响，我国多代共同居住的现象比日本更为普遍，但在调研中发现多代共同生活有时会带来一些矛盾问题，而部分问题的产生可能与住宅的空间布局有关。

从平时大量的入户调研中，我们发现随着人口结构、生活习惯的变化，一般家庭对住宅的空间需求已经有所改变，但由于缺乏对这些变化的认识与研究，设计时并未改变现有住宅套型的模式，使得很多套型已经不能很好地满足现有需求，更不能适应未来需求的变化。下面我们将根据调研总结，尝试列出3个常见的设计误区，并进行分析。

1.卧室集中布置，缺乏私密性

一般在住宅设计时主张动静分区，将卧室、书房等安静的空间集中布置，与起居、餐厅等活动空间分开。这种布局方式在老人与子女同住时容易产生声音或视线上的干扰，从而引发代际间矛盾。当老人卧室与子女卧室相邻布置时，因两代人作息时间的差异，子女房间的声音及空调室外机的噪音容易影响老人休息（如图11a所示）。

若老人与子女分别在相对的两卧室中，对开门的方式在夏季需要开门通风时，会使两卧室间产生视线上的干扰，对两代的私密性有较大影响（如图11b所示）。

a. 两卧室相邻布置时声音上相互影响

b. 两卧室相对布置时视线上相互干扰

图 11 卧室集中布置容易产生声音及视线上的干扰
（图片来源：作者自绘）

2. 老人卧室与卫生间距离远

在三室二卫的套型中常有将一个次卧室单独布置在靠近入口处的方式，一般家庭也会将这个朝向好且独立的卧室作为老人卧室。但为了卫生间的通风及管线等问题，设计时仍会将次卫与主卫相邻布置在一起（如图12所示），导致次卫与老人卧室距离较远，不便老人夜间使用。

结构、管线无法移动而很难做到，无法满足老人使用轮椅或需要他人护理时的空间需求。

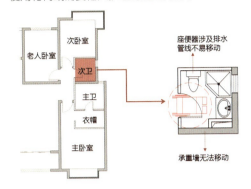

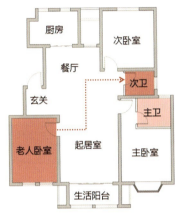

图12 老人卧室与卫生间距离远，老人夜间使用不便
（图片来源：作者自绘）

这类套型在设计初期也并未考虑将来在老人卧室附近增设卫生间的可能性。一方面老人卧室进深不大，空间条件不允许。另一方面即使有空间满足加建卫生间的需求，也会由于无法安排上下水而难以完成。

3. 卫生间空间小，难以改造扩大

老人身体健康程度下降后，可能会使用轮椅或需要在家人协助下洗浴、如厕，此时需要卫生间有较大的空间。然而目前中小套型住宅的设计为争取主要空间的面积等，卫生间往往被压缩得较小，仅布置了洗脸池、坐便器、淋浴三件套满足基本需求。再加上在初期设计时对管线、结构等问题考虑不周，导致日后即使想扩大卫生间，也常因

图13 卫生间空间小，难以满足无障碍使用需求
（图片来源：作者自绘）

四、多代居住宅适老化设计建议

与专门为老年设计的纯老年住宅不同，在多代居的适老化设计中要多考虑住宅的适应性。多代居中各代的关系其实也在变化，例如当前住宅的主要购房者为子女，老人与子女同住，随着购房者一代步入老年，则居住模式变为购房者下一代子女与之共同居住。这种代际关系的变化也会影响对住宅空间的需求，因此在空间布局及各空间的细部设计时都应预先考虑到这些变化，使多代居住宅具有更好的适应性。

根据目前市场上已有的套型，以改动最小为原则，下面我们将分别从空间布局及细部适应性设计两方面对多代居住宅的设计提出建议。

1. 多代居的空间布局建议

建议三居室中将起居布置在中部，主卧室与次卧室1分别布置在起居两侧，次卧室2布置在主卧对面（如图14b所示）。相比较于常见的卧室区与起居、餐厅动静分开的模式，这样的布局方式更能满足多代居中各代对独立私密性的需求，并能适应不同阶段代际关系变化。

a. 卧室集中布置，两代之间容易产生声音及视线上的干扰

b. 卧室分别布置在起居两侧，满足独立私密性需求

图 14 多代居布局方式比较
（图片来源：作者自绘）

目前多代居的主要购房者为子女，子女的空间一般为套型里侧的主卧室，与子女同住的老人的空间则为靠近入口的次卧室。这时位于中部的起居空间使两代人的卧室有一定分隔，保证了各代的独立私密性（如图 15a 所示）。

随着购房者一代步入老年，他们的居住空间仍为主卧室，也有可能出现购房者一代夫妇分别使用主卧室及次卧室 2 的情况，这时入口处的次卧室则为购房者下一代子女的居住空间。这种布局方式仍能保证两代人对私密性的需求（如图 15b 所示）。除此之外，当子女成年独立搬离之后，还可通过入口门厅处门的位置改造使次卧室成为相对独立的居室用于出租。

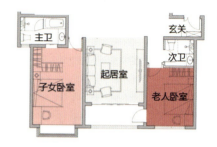

a. 主要购房者为子女，子女空间为主卧室，老人卧室位于入口处较独立的次卧室

b. 购房者步入老年，他们的居住空间仍为主卧室，购房者子女的卧室为入口处较独立的卧室

图 15 将一个卧室单独布置的布局方式容易满足代际关系变化需求（图片来源：作者自绘）

通过以上的分析，可以看到这种将两代人的卧室分离的布局方式具有较强的适应性，能更好地满足代际关系变化时的需求。但考虑到次卧室 2 中配备的卫生间在中部，容易成为暗卫，我们觉得这种布局方式更适合北方地区。

2. 空间细部适应性设计建议
（1）考虑卧室可分可合
家庭结构和家庭成员间关系的变化会引起不同的

卧室空间分配方式，从而影响卧室空间的布置关系。例如常见的南向主卧室与北向次卧室，在应对不同的代际关系时，可能有以下2种处理方法：

a. 若两卧室分别为老人夫妇居住，空间上需要有一定的联系，因此在设计时可考虑两卧室内部连通，形成相对独立又有一定联系的卧室区，满足老人分房休息同时相互照顾的需求，如图16a所示。

b. 若主卧室与次卧室分别为两代居住，则在设计时可用衣帽间将两卧室分隔开，保证两代的独立私密性需求，如图16b所示。

（2）尽量保证老人卧室与其他空间的视线联系
在设计老人卧室时，除了考虑根据代际关系可分可合外，还应尽量满足老人与家人交流的需求。通过老人卧室门及内窗的设计，保证卧室与餐厅、起居室都有视线联系，家人在活动或做家务时都可以照顾到老人，也可减少老人的孤独感。

a. 主、次卧为老人夫妇卧室时，内部联通，方便照应

b. 主、次卧分别为两代人卧室时，以衣帽间分隔，保证私密性

图16 根据代际关系不同，卧室可分可合
（图片来源：作者自绘）

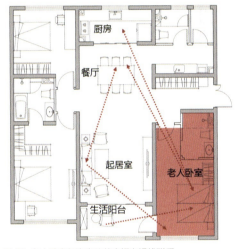

图17 老人卧室与家庭公共空间有视线联系
（图片来源：作者自绘）

（3）尽量为老人就近单独布置卫生间
部分住宅设计时仅设置一个共用卫生间，容易在使用高峰时产生冲突，同时也可能因为两代人生活习惯不同而产生矛盾，因此多代居设计时可考

虑除共用卫生间外，为老人单独就近布置一个小卫生间或考虑在老人卧室附近的空间预设上下水，以便将来增设卫生间满足老人的就近使用需求。

除了在老人卧室附近布置卫生间外，也应考虑卫生间可改造扩大的可能性。老人年龄增大、身体活动能力下降后，可能会使用轮椅或需要他人协助，需要较大的卫生间空间。因此卫生间部分墙体宜采用便于拆改的轻质隔墙，以便根据需要调整隔墙位置扩大卫生间，方便轮椅进入。

同时，为了方便老人夜间使用卫生间，也可在老人卧室方向增设卫生间门。另外当老人卧床后，因把老人移动到卫生间洗浴会十分困难，可考虑在床到卫生间之间设置滑行吊轨装置，借助装置移动老人，从而减轻护理人的负担。

a. 生活阳台与主卧室、起居室相联系

b. 生活阳台与老人卧室、起居室相联系

图 19 生活阳台位置
（图片来源：作者自绘）

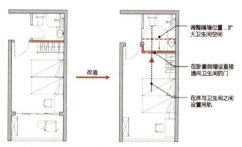

图 18 卫生间适老化改造
（图片来源：作者自绘）

（4）生活阳台最好与老人卧室联系
当前的套型设计一般将阳台布置在主卧室及起居室外侧，而考虑到许多老人都喜欢在阳台上晒太阳、种花、看风景等，老人对阳台空间有更大的需求，因此在阳台位置选择上建议尽量与老人卧室直接联系。

综上所述，在设计三室二卫套型时采用将一个卧室分离布置的方式，并对卧室区、卫生间、阳台等空间进行适应性设计，可以使多代居住宅更好地满足各代对独立私密性的需求，也能保证老人在空间使用上的安全、便利性。

五、结语

随着时代的发展，我国家庭人口结构及生活习惯已经逐渐发生了变化，一般家庭对住宅空间的需求也随之改变，家庭中代际关系的变化会直接影响对空间的需求，因此在设计多代居时，应对这些变化进行研究，打破套型设计的惯有思维模式，提出既能满足当前的需求，也能对远期具有较强适应性的方案。本文中提出的设计建议仅是对多代居住宅适老化设计的一部分，还很不成熟，在此抛砖引玉，希望今后能有更多机会与业内设计师及专家共同研究探讨。

参考文献：
[1] 中国社会科学院. 中国老龄事业发展报告 (2013), 2013
[2] 全国老龄工作委员会办公室. 中国人口老龄化发展趋势预测研究报告，2006
[3] くらしノベーミョン研究所. ヘーベルハウスの二世帯百科 [M]. 東京：旭化成ホームズ株式会社，2010
[4] 二世帯住宅研究所. ヘーベルハウス住宅百科全書 [M]. 東京：旭化成ホームズ株式会社，1992
[5] 周燕珉，程晓青，林菊英，林婧怡. 老年住宅 [M]. 中国建筑工业出版社, 2011
[6] 周燕珉. 老人·家 [M]. 中国建筑工业出版社，2012.
[7] 郭袁媛. 适老化视角下的低密度住宅套型设计研究 [D]. 清华大学, 2013

位于葡萄牙的某老年人日间看护中心，葡萄牙 / 业主：TNS

服务配套：养老地产的价值中枢

文：洲联集团·五合智库

近年来房地产开发企业与金融机构将关注的目光转向养老地产，希望从市场规模达十万亿之巨的养老产业中分得一杯羹。保利、万科等开发商已开始上路，泰康、国寿等保险机构凭借各自的客户优势也开始了实践。在纷纷扰扰的市场中，国内至今仍无法提供一条能够复制的成功之路，不能不说是一种遗憾。究其原因，很重要的一点，在于将住区开发理念简单套用于养老地产，重销售不重运营的理念有关。现在是时候提出，强化养老服务配套，才是养老地产的核心价值所在。相信众多市场参与者，也会对此颔首点头。

养老地产产业链：以银发消费和服务为中心

从目前来看，国内养老地产产业链涉及供需两方。其中，供给者包括政府、保险机构、地产开发商、养老机构等，需求方以拥有一定收入的中老年人为主。供需双方的关系如下图：

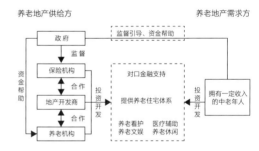

图1 养老地产产业链的供需双方
资料来源：中国老龄产业协会

在供给方需要提供的功能当中，养老看护、医疗辅助、养老文娱以及养老休闲属于服务配套，实际上亦是养老地产需求方着重看中的核心功能。这些功能的设置本质上是满足中老年人在生理和精神方面的特殊需求的过程。不过，在现时阶段解读养老地产的需求，有必要着重强调两点：

其一，作为市场化操作的养老地产，其需求方以消费者的角色出现，而非传统的养老院入住者角色。因此，操盘者首先需要转换的就是服务意识。将入住者视为救济方的传统福利养老院，并不适合市场化的养老地产。只有真正树立了入住者是衣食父母的意识，操盘者和团队才能站在需求方的角度，真正把产品和服务做到实处。

其二，中老年的需求应该进行合理细分。需求细分将直接导致服务配套功能配置的取舍。在此，细分准则常包括年龄，收入和健康状况。低年龄段的健康老人，在文化娱乐方面的需求更甚；而高年龄段的非自理老人，在护理功能方面需求更甚。当然，中老年人的支付水平也直接导致核心服务配套的取舍排序。根据五合智库的一手调研数据，月收入超过1万元的老年人居住观念与普通收入者则完全不同，意向选择具有完善的疗养、娱乐、休闲、运动设施的高级老年公寓与度假住宅。

服务缺失：养老地产开发的制约因素
养老地产区别于普通房地产项目的关键之处在于针对老年人需求的服务，但是目前专业老年服务机构缺失，老年住宅、公寓等地产项目因不能提供有效服务而无法吸引到足够的客户。所以万科、亲和源等较早介入老年住宅开发的企业均将服务研发作为重点。上海亲和源社区整合了曙光老年医院、美格菲健身、爱玛客与索迪斯餐饮、上海老年大学、视觉艺术学院等服务机构为入住老年人提供专业服务，并将这一整套管理与服务体系作为操作规范向合作项目输出。

由于忽视了服务与老年对于配套的特殊需求，许多开发商进行的养老地产开发在选址上是失败的。如在城郊的地块开发部分老年住宅作为卖点，其一是社区内服务未必跟得上，其二是由于周边无成熟社区，引进的服务缺乏足够的消费支撑，运营成本较高，三是不能有效利用成熟的城市配套。而在这些地块开发养老地产比较困难的印象自然放大到整个养老地产业而使行业缺乏信心。

目前老年护理行业充斥着重复简单劳动力，经过培训具有专业技能的护工、护理人员缺乏，也制约着养老院、老年公寓以出租经营为主要模式的老年机构的升级。

医护：养老地产的标配和分级服务
医疗是老年人最为关注的服务配套，但是因医疗服务配套成本不菲，并不是所有的养老地产项目都需要配置医院，重要的是让老年人的医疗需求得到及时响应和满足。因此，针对健康程度不同的老年人，以及养老地产开发方式的不同，可以对医护资源进行不同的配置。总体原则大致可以概括为：自理性越强，聚集性越低的老年人，依托外部就近医疗资源的可能性越大；反之，需要在养老地产内部配备相应的实体医疗机构设施的可能性越高。

对于医护资源在养老地产中的配置，日本介护行业排名第一的盈利性上市公司日医学馆的运作很有借鉴性。该企业成立于1973年，业务范围涵盖介护服务、医疗相关、健康管理、健康教育四

图2 日医学馆主营业务收入（FY06-13）

图3 日医学馆净利润（FY06-13）资料来源：日医学馆年报

个方面，2013年度总收入超过2700亿日元，其中介护服务收入占其总收入的58%。

日医学馆的介护服务涵盖两种主要模式：其一，与各类医疗机构和福祉设施机构合作提供介护服务，日医学馆只作为服务提供商，服务点数目全日本2429处；其二，日医学馆既提供介护服务，也提供居住系列的介护设施住所，服务店数目全日本381处。前者更适合自理/半自理类型的居家养老者，后者更适合集中式居住的年龄较大的非自理型养老者。

O2O：自理型养老社区服务的新创举

近几年，以O2O为代表的互联网技术对传统行业的重塑风潮一直在涌动，养老服务亦不例外。目前，国内的养老服务O2O针对的对象以居家型的自理型老年人为主。综合来看，自理型养老社区服务的O2O主要有三种模式：

其一，智慧养老平台建设。智慧养老平台可以汇集众多的老年人需求，同时整合成熟优质的养老资源进行对接，形成完成的产业链闭环。这部分平台建设政府直接参与较多。以上海的友康科技为例，其打造的平台采用创新的O2O模式，以客户服务中心和数据处理中心为核心，从老年人的刚需入手，提供标准化居家养老服务。目前友康科技的为老服务已覆盖上海6个区的40万老人。友康科技的O2O平台得到上海市和区两级政府的支持，同时也受到了投资人的追捧，并于2014年7月获得了数千万元的A轮融资。

其二，养老消费品的电子商务平台。与一般的电子商务平台所不同的是，该类平台所售商品以老年人生活消费必需品、养生商品为主。由于采用线上销售、线下门店自提的方式，门店的功能将显得尤为重要，它将具有老年人社交中心的功能，从而为社区周边居家老年人提供休闲娱乐、疗养健身等线下互动平台。以最近获得浙商创投1亿元投资的幸福九号为例。幸福九号是一家专注于老年人健康生活服务的企业，经过几年的创业，已拥有2500余家社区服务店。同时，通过建立以年费为核心的老年人大型社区化社交中心"幸福九号——老年迪士尼乐园"，满足老年人休闲、娱乐、健身、疗养等需求，逐渐以社交为中心形成老年人的用户黏性。线上和线下互动的客流导入方式，极大提升了该平台用户，形成一个满足老年人生活、文化、娱乐等多种需求的生态系统。

其三，物业转型的个性化养老服务平台。花样年旗下的彩生活在港上市获得资本高度追捧，说明未来物业服务在O2O实践中的巨大潜力。如果将这一思路细化到居家养老服务，其想象空间亦有足够吸引力。尤其是在中国目前以居家养老为主的现实情况下，作为最熟悉住户的物业，最有优势去采取相应的行动。

总而言之，养老地产的本质是满足中老年人在生理和精神两方面需求的产品，与之对应的医护和文化娱乐社交需求，则是养老服务需要重点解决

Dornbirn 疗养院，奥地利，多恩比恩 / 业主：City of Dornbirn

的问题。因此，养老地产的服务配套，直接决定了其存在的意义和特色。所幸的是，经过几年的摸索，市场参与者已经开始明白，养老社区运营服务能力的构建将是养老地产制胜的关键所在。看看宋卫平的蓝城地产在乌镇雅园所嵌入的蓝庭护理院，我们有理由相信，市场在养老地产方面的实践应该是走在一条正确的道路上。

台湾长庚养老文化村的设计思考

文：满莎 \ 洲联集团

项目位于台湾桃园，占地面积约 34 公顷，由台塑集团投资 500 亿新台币，是长庚体系下的以养老为主题的项目。总规模 3600 户，建筑形式为多层公寓，根据不同的面积需求，配备有两种房型，一房一厅 (46 平方米)，一房二厅约 (73 平方米)。凡年满 60 岁配偶年满 50 岁都可申请入住，入住前进行体检，有病者可住旁边的长庚护理之家。村内设有超市、书店、银行等服务性设施。

大陆医疗体系与制度备受诟病多年，国家公共服务体系很难做到真正的服务于人。"看病难、费用高"这些都是国家公共医疗服务体系制度的负面问题。同样，这里也存在着巨大的制度红利，当今的全球化社会，资源配置与流动效率得到极大提升，对传统行业与模式挑战巨大，甚至措手不及，如科技、金融、教育直至医疗行业。与此同时，人类的代谢规律正在加速这个挑战的到来，"老龄就医难"其实在十年前就已经引起医疗体制的关注。

加大社区保健医疗系统的建立、完善医疗系统网络正在解决这个问题。但解决老龄就医难的问题并不能解决"养老问题"。养老是一个系统，一个超过医疗体系范畴的系统，需要社会保障、城市土地等多方支持、共同完善。因此，在巨大市场需求的推动下，传统模式的更替是必然的，新模式会加速到来。在医养结合方面，台湾的"长庚模式"在十几年前先行了一步。它是由"医带养"，以企业为主导，相比国家，它的体制灵活度更高，同时它的主体是台湾台塑集团，其财力也足以支撑其运营和发展。

一、长庚医院的"企业"经营理念，从管理上适应市场变化，提高运营效率

企业生存的根本就是盈利，最好维护客户利益，获取长期盈利。长庚医院以现在流行的"互联网

台湾长庚养老文化村

台湾长庚养老文化村

思维",快速形成了自己强大的市场效应。长庚医院通过以病人为核心建立一个交互模型,做到持续性、针对性、安全性、完整性、甚至参与互动性的关怀,这无疑激发了巨大的市场潜力。例如在门诊大厅建立病人投诉区,似乎医生与医院在此时失去了"尊严",这恰恰赢得了客户的满意。

长庚医院采用合伙人制度结合完善的绩效制度。一是建立了一个医务与行政独立的管理体系,划分护理、医技、行政人员三部分,建立独立核算的成本单位,同时将分科作为下层级独立的成本单元进行核算,辅以绩效管理的方法,把成本控制具体到个人。二是健全医疗信息系统,提高效率,保证医院的长期经营效益。比如,患者采用预约挂号制,以避免病人排队挂号的等待时间。就诊到取药的流程被优化,每个环节确定合理的时间,超过时间,系统会自动报警。

二、长庚养老文化村突破居住与医疗的界限,探索医养结合新模式

长庚养生文化村的创办比长庚医院略晚几年,台塑董事长王永庆最初以完善医疗体制为初衷,创办长庚医院,之后意识到台塑集团员工养老保障问题,建立了长庚养老文化村。文化村以台塑老人为核心的创办理念:1.注重老人的价值塑造。2.鼓励老人建立积极的老年生活观念。3.关注社会、家庭、亲情等,避免产生孤独感。4.建立连续的全程服务系统,解决老人的后顾之忧。5.负担得起的费用。

长庚养生文化村希望使用者能够继续展现他们的生活,而不是一种护理与治疗。因此全面的园区规划与多元化的活动场所十分必要。增加了基本生活疗养配套以外的活动设施及场地。整个文化区实现公园绿化17公顷,园区内规划有安全无障碍设计的养生环路网络——分田、果园等。养

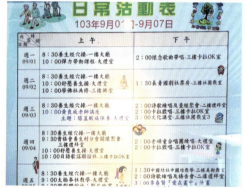

台湾长庚养老文化村

生文化村提供全方位便捷的医疗设施与服务,并设有医疗绿色通道,提供医疗护理的门诊、医院、康复中心,驻派医师。此外,还有专门为客户提供的健康养生咨询服务,如饮食等。

最后来探讨落地问题。这种医养新模式对大陆有强借鉴价值,如要落地,地产和医疗设施的建设问题很好解决,但最先需要解决的是土地和教育支撑问题。台湾长庚养老文化村所占土地原为林地,历经9年时间才将其变更为"医疗专用区"、"养老文化专用区"。调整时间久的原因有两个:一是突破了当局的法令规定,二是同时也有人提出老人养老社区规模过大,不符合社会司所制定的老人福利服务社区化的原则。总的来讲长庚养老文化村的合法合规是经过长时间坚持换来的,如果同样的事情发生在大陆,估计早就成为一个烂尾项目了。

土地是大陆亟需解决的问题。一、养老产品根本属性非医非住,从社会需求角度看,保障性更强;从运营角度看,金融属性更强。虽以建筑形态存在,但它的土地属性需要尽快明确,且有别于医疗用地和金融用地。二、养老产品的社会保障性决定了其不适宜作为商品买卖,应是持有经营,故其土地性质中的使用年限也应与其他性质土地差异化。三、这种有保障属性的土地应具备一定

台湾长庚养老文化村

的辐射半径,提高国家保障系统的完整度。所以,大陆调整土地性质,适应银发产业发展是一个很紧迫解决的问题。

三、护理人才培育的问题

目前大陆的护理人员培养主要分两类,一类是医疗型的,是给医院输送护士的教育机构,另一类是护理型的,由专业机构进行培养,给医院或养老机构进行护工输送。但其中存在两个问题,一个是年龄问题,年轻人不愿意去做护工,这就导致护工这一层级多为40~55岁的人群,自身身体存在健康隐患,另一个是只能在身体健康层面提供协助性工作,并不能在新兴知识、技术上给客户一些支持。

这需要社会引导,同时也需要养老机构要在人力资源上走自主培养形成梯队的路线。在养老地产发展初期,往往没有成熟的管理和服务团队,这是一个巨大挑战,但同时也是一个巨大机遇。因此,稳健发展路线就是发现和培养管理和服务团队,并让这个团队可预见未来的产业前景。专业技术人员的引导、培养也需要更多的社会力量来协助。同时在养老产品中可以引入"时间银行"的理念，用义工方式完善服务体系、降低成本和提高社会公益性。

对于大陆来讲，人口老龄化的时代正在来临，养老问题要得到真正破题，需要通过制度改革，创新模式引入，企业参与，使其能够形成一种市场竞争机制，国内的养老产业才能得到全面发展并步入成熟。"从 2001 年到 2020 年是我国快速老龄化的阶段，根据推算在此阶段，中国每年会增加 600 万老年人口，年增长速度为 3.28%，到 2020 年老年人口将达 2.48 个亿，老龄化水平将达到 17.17%。"

医疗行业与地产行业是与养老行业结合最佳的两大产业。可以想象，未来老人在需求上一定是更加高质量的，更迫切的希望获得退休后价值的再造。重返社会，重新定义，在规划建设上需要更加完善的硬件设施，同时需要，也会有一批与长庚集团拥有同样经营理念的机构迅速占领这个领域。

绿色城市综合服务商

融资策划　　规划设计　　绿色技术

五合智库 WISENOVA　　五合国际 WERKHART　　洲联绿建 WERKHART SUSTAINABLE

洲联集团（WWW5A）是一家提供绿色城市综合服务的著名跨国机构，深耕中国房地产十余年来，凭借对房地产市场的深入研究，具备专业地产金融研究策划咨询的前瞻视角。在规划设计方面，集团也积累了大量的市场经验，特别在规划、酒店、商业、产业、豪宅及高科技生态节能设计等方面独具专长。同时，洲联集团致力于引领行业节能减排，持续推进绿色低碳建筑理念与技术的推广研发与工程实践。如今集团已发展成为融资策划、规划设计、绿色技术为一体，为城市开发和地产行业提供全产业链的技术与顾问的综合服务机构。

扫描二维码

微信订阅号平台
zhoulian5a

官方微博
http://weibo.com/zhoulian2011